24 heures sous influences

DU MÊME AUTEUR

*Un pouvoir sous influence. Quand les think tanks confisquent
la démocratie*, avec Olivier Vilain, Paris, Armand Colin, 2011.

Menace sur nos neurones, avec Marie Grosman, Arles, Actes Sud,
2011

Europe Écologie, avec Jean-Luc Touly, Paris, First, 2009.

Lobbying et Santé, Paris, Mutualité française, 2009.

Cocktail d'enfer, avec Simon Pradinas, Paris, Pascal/Mutualité
française, 2009.

L'Argent noir des syndicats, avec Christophe Mongermont
et Jean-Luc Touly, Paris, Fayard, 2008.

Profession corrupteur, Paris, J.-C. Gawsewitch, 2007.

Sarkozy vu par les Français, Paris, Pascal, 2007.

L'Eau des multinationales. Les vérités inavouables, avec Jean-Luc
Touly, Paris, Fayard, 2005.

Silence, on intoxique, avec André Aschieri, Paris, La Découverte,
2005. *Repenser l'offre de soin. Pour une véritable politique de santé
publique*, Paris, L'Atelier/Mutualité française, 2000.

Des Lobbies contre la santé, avec Bernard Topuz, Paris,
La Découverte, 1998.

Les Ignorances des savants, avec Théodore Ivainer, Paris,
Maisonneuve et Larose, 1996.

L'Affaire de l'amiante, Paris, La Découverte, 1996.

Le Griffonnage. Esthétique des gestes machinaux, photos de
Jean-Bernard Rioual, Paris, Éditions François Bourin, 1993.

Opinion populaire et Pratiques vulgaires, Paris, Anousia, 1987.

Roger Lenglet

24 heures sous influences

Comment on nous tue jour après jour

FRANÇOIS BOURIN ÉDITEUR

Introduction

Vous ouvrez les yeux après une bonne nuit de sommeil, croyant retrouver le monde réel et ses surprises, vos soucis familiers et vos projets... Erreur: ce monde n'est pas le vôtre, mais celui que des groupes d'influence ont composé à votre insu, dans ses moindres détails, pour satisfaire à leur avidité.

Les draps dans lesquels vous avez dormi, les chaussons que vous enfilez, le café, le lait et l'eau que vous buvez, les céréales que vous mangez, le savon, le dentifrice et chacun des produits que vous utilisez au cours de la journée sont le fruit d'inavouables opérations d'influence. Tout comme la lumière que vous allumez, le robinet que vous ouvrez, la poubelle que vous sortez, la voiture dans laquelle vous montez, l'air que vous respirez. Dans chaque recoin de votre quotidien se cachent des tractations secrètes, des stratégies bien huilées. Vos gestes les plus banals ont été chorégraphiés à votre insu. Nous nous croyons libres, nous vivons dans une fiction écrite de A à Z.

«Le diable se cache dans *tous* les détails», dira désormais le proverbe. Ces détails, ce livre les piste précisément, dans les mille instants anodins qui tissent nos journées, de la naissance jusqu'à nos derniers jours.

La France compte aujourd'hui 7 429 agences de lobbying, soit environ 30 000 lobbyistes. À Bruxelles, on en dénombre près de 20 000. Un marché qui connaît une expansion considérable depuis les années 1990. De tels chiffres donnent une idée de la fourmilière de professionnels de l'influence qui entourent les élus, les ministères français aussi bien que le Parlement européen et les commissions qui élaborent les directives européennes. Pour autant, tous les lobbies n'exercent pas une influence comparable. Leur poids économique et leur capacité à pénétrer les institutions ne s'équivalent pas. Ceux qui sont placés au sommet de l'Olympe conditionnent les aspects les plus importants de notre quotidien. Ils occupent donc ici une place de choix.

Mais qu'est-ce, au juste, que le lobbying? Un des stratagèmes rhétoriques habituels consiste à dire qu'il ne s'agit que d'un moyen, utilisé à bon ou mauvais escient. Évitons les malentendus: le lobbying est l'utilisation de *toutes* les stratégies d'influence possibles pour favoriser les intérêts des acteurs économiques assez fortunés pour employer des lobbyistes, même si certains préfèrent laisser aux autres les pratiques les plus mafieuses. Telle est la définition bien sentie que les professionnels concèdent quand ils entrent dans la confidence. Un lobby défend donc avant tout des intérêts économiques particuliers, contrairement aux associations citoyennes qui défendent l'intérêt général. L'objectif du lobby peut être de maintenir ou de développer un marché, par exemple celui de produits mis en cause pour leur toxicité, ou tout simplement de renforcer une position face à des concurrents. Les cibles sont en priorité les politiques et les hauts fonctionnaires. Mais en démocratie, l'opinion publique, les consommateurs et les milieux de la recherche sont aussi «travaillés», car ils permettent d'influencer le législateur, le gouvernement et les institutions inspirant des traités ou des directives.

Comment agissent-ils? Les principaux outils sont le regroupement en coalitions financières ou industrielles (groupes de pressions ou lobbies), la rhétorique, la production de normes, de lois et d'«études», la pub déguisée, le montage de fondations ou de *think tanks*... Un vaste panel de procédés où les déclarations morales cachent souvent un monde où l'on s'autorise de nombreux coups bas. De sorte que les stratégies d'influence font aussi bien appel à des lobbyistes en col blanc qu'à des lobbyistes musclés (nous verrons que ce sont parfois les mêmes), dont les commanditaires prétendent ignorer les moyens qu'ils utilisent tout en leur imposant une obligation de résultat. Sur le terrain, cela se traduit immanquablement par une activité qui verse aisément dans la corruption, l'intimidation, la manipulation éhontée et des opérations de séduction inavouables.

Les scandales sanitaires et alimentaires qui se succèdent depuis les années 1980, du sang contaminé à l'amiante en passant par la «vache folle», le cheval travesti en bœuf et d'autres moins connus que nous allons découvrir, présentent tous un point commun : ils ne sont pas le fruit du hasard mais d'une volonté délibérée de faire passer d'inavouables calculs avant le souci de la santé publique et de la légalité.

Les actions de lobbying sont devenues si incessantes qu'une encyclopédie serait nécessaire pour couvrir tous les champs d'intervention. Raison pour laquelle je m'attache en priorité aux façons dont le lobbying industriel joue avec notre santé et, *in fine*, nous tue.

Il ne se passe plus un jour sans que de nouvelles molécules arrivent sur le marché sans test sérieux sur leur toxicité à moyen et long terme. Des dizaines de milliers de substances industrielles composent désormais notre environnement quotidien et s'introduisent dans notre organisme. Une grande partie de la population pense qu'il est impossible de gérer un risque aussi diffus et invisible, d'autant que les lobbyistes ne manquent pas pour nier leur danger même quand les preuves scientifiques abondent. La situation ressemble en tout point à celle que dénonçait Pasteur au XIXe siècle quand il expliquait que des animalcules invisibles (bactéries et virus) couvraient par millions les objets les plus familiers, contaminaient notre peau et provoquaient des maladies mortelles.

Nos ancêtres ont intégré la révolution pasteurienne, ils ont adopté des règles d'hygiène quotidiennes qui paraissaient au début procéder d'une vision paranoïaque. Pourtant, même les médecins et les chirurgiens ont eu des difficultés à les accepter, certains trouvant délirant de devoir nettoyer leurs instruments et leurs mains entre deux patients. Les toxicologues nous enseignent aujourd'hui qu'une nouvelle révolution de santé publique est en cours au regard des nouvelles substances chimiques que nous côtoyons : la révolution toxicologique. Et cette révolution ne sera pas seulement accomplie par les scientifiques mais par toute la population qui adoptera des précautions pour en faire des réflexes quotidiens. Cela passera aussi par une méfiance vis-à-vis des charlatans qui, pour mieux vendre leurs produits, mentent sur leurs véritables effets.

« Si on vous écoute, on ne vit plus », me dit-on parfois. Mais si vivre consiste à fermer les yeux, alors on est sûr de se faire écraser. Prenons garde : la complexité des dangers du monde moderne menace aujourd'hui jusqu'à notre instinct de survie.

I. Dormir dans les bras des lobbies

Les vrais secrets du lit de Cécile

Les fabricants de literie en rangs serrés
pour maintenir l'usage de produits toxiques

Cécile s'est glissée dans son lit à 23 h 36. Elle s'est retournée durant une bonne heure avant de s'endormir, en se demandant pourquoi, depuis quelques semaines, elle éprouve des difficultés à trouver le sommeil. Rien, dans sa vie, n'explique cette perturbation.

Elle n'en est pas encore à prendre des somnifères, comme son mari, mais elle souffre un peu, dans la journée, de cette heure de sommeil manquante. En attendant, elle a jeté son ancien matelas à ressort au profit d'un autre en mousse, qu'une pub recommandait en prétendant qu'il facilitait le sommeil grâce à un système d'alvéoles très étudié. Elle s'est aussi offert un pyjama ultradoux, et lave plus souvent ses draps : fraîchement lavés, ils libèrent un parfum qui la ravit. Cécile est une adepte des lessives et des adoucissants aux « senteurs printanières ». Même sa taie d'oreiller fleure ces doux arômes.

Elle ignore que la cohorte de molécules qui remontent le long de son nerf olfactif toute la nuit franchissent la frontière de son cerveau et s'installent parmi ses neurones. Elle n'a pas non plus conscience de l'effet délétère qu'elles peuvent avoir avec le temps.

C'est dommage, car Cécile est une jeune femme intelligente qui, vingt ans plus tard, aurait pu être comblée de bonheur et, accessoirement, au sommet de ses compétences. Traductrice de romans allemands chez un grand éditeur parisien, elle adore son métier. Il ne se passe pas un jour sans qu'elle en repousse encore les limites, trouvant des équivalences inédites aux expressions réputées intraduisibles, ouvrant l'horizon sur de nouvelles subtilités là où les autres professionnels butent définitivement.

Mais de ses talents, elle ne profitera pas autant qu'elle aurait dû. Au fil des ans, tous ces effluves toxiques gommeront une à une les finesses linguistiques que sa mémoire a soigneusement engrangées. Avant de s'attaquer à des souvenirs plus importants encore. Au point même que son fils Félix devra lui rappeler chaque matin qu'elle est sa mère, que son âge est de 48 ans et qu'elle connaît personnellement les meilleurs auteurs d'outre-Rhin.

Cécile rejoindra le long cortège des jeunes malades d'Alzheimer. Ces jeunes cas s'accumulent par dizaines de milliers. Les épidémiologistes en dénombrent déjà 55 000, âgés de 13 à 60 ans, sur le million de malades que compte l'Hexagone. Ils prévoient que ce chiffre doublera tous les vingt ans.

Les firmes pharmaceutiques, de leur côté, calculent déjà les dividendes qu'ils tireront de cette progression exponentielle[1].

Les lobbies sous ses draps

Les mandarins qui répètent que les causes de cette maladie sont inconnues et qu'elle est liée à la vieillesse devraient regarder de près les résultats des innombrables recherches pointant la responsabilité des produits neurotoxiques qui nous entourent dans l'explosion des maladies neurodégénératives[2]. Les études rassemblées depuis les années 1990 auraient dû permettre de prendre des mesures préventives et d'éviter de massacrer la nouvelle génération. Encore faudrait-il, pour inciter ces mandarins à faire leur travail, que leurs rémunérations par les producteurs de médicaments anti-Alzheimer ne soient plus autorisées[3]. Car la réforme de l'Agence du médicament, après le scandale du Mediator, n'a pas mis fin au petit jeu des conflits d'intérêts qui disqualifie ses experts. Et la dérive des leaders d'opinion du monde médical

---

1. *The Pharmaletter*, « Alzheimer's drug market to more than triple to $13.3 billion in 2019 in top seven markets, fuelled by new biologic agents », 10 septembre 2010.
2. Pour une recension approfondie des études sur les cofacteurs de la pandémie de maladies neurodégénératives dans les pays industrialisés (Alzheimer, Parkinson, etc.), voir Marie Grosman et Roger Lenglet, *Menace sur nos neurones*, Arles, Actes Sud, 2011.
3. Sur le détail de ces liens d'intérêts, voir mon enquête avec Marie Grosman, *ibid.*

s'ajoute à celle du système d'évaluation des médicaments. Les pratiques de lobbying dont ils font l'objet leur ont fait perdre de vue jusqu'à leur rôle dans les retards de la prévention.

Une maladie mortelle peut en cacher une autre. La maladie d'Alzheimer, dont Cécile mourra six ans seulement après son diagnostic, ne permettra pas à la tumeur de son sein droit d'être repérée et comptabilisée sur le registre national des cancers. Cette tumeur maligne ne manque pourtant pas d'intérêt sur le plan nosologique : on sait aujourd'hui que les cancers du sein sont liés à une pluralité de facteurs cancérigènes. Or, les molécules provenant de sa literie, qu'elle a inhalées 8 heures sur 24 (soit 30 % de son temps), comptent de nombreux cancérogènes bien répertoriés, s'ajoutant à ceux qu'elle absorbe le restant de la journée.

Si Cécile avait été mieux informée, par exemple en lisant de temps en temps des études toxicologiques, elle aurait su que les produits dont les fabricants enduisent les composants des matelas, les tissus de sa couette et ceux de son pyjama, tout comme le bois aggloméré de son sommier et de son armoire, comportent une résine qui libère du formaldéhyde, classé par le Centre international de recherche sur le Cancer (CIRC) comme cancérigène par inhalation et par contact cutané. Même ses sous-vêtements en sont imprégnés. Or le formaldéhyde présente un autre inconvénient : c'est un facteur d'insomnie.

Cécile aime lire, mais seulement des romans. « La littérature scientifique est un oxymore, elle n'est faite que pour les chercheurs», ironise-t-elle sans se douter que c'est un vrai malheur. Elle adore les thrillers, les dramatiques, les tragédies, les films *gore* et les scénarios-catastrophes. Elle caresse l'idée que ces horreurs pourraient arriver. Nos frissons exigent de la crédibilité.

Cécile ne pense pas que la toxicologie et l'épidémiologie soient à même de lui apporter des frayeurs aussi fascinantes. Ni qu'elles puissent lui apporter des informations utiles au quotidien. Elle croit que des responsables s'en chargent sérieusement. Comment imaginer que la santé de la population n'est en réalité qu'un jeu financier pour les industriels et les lobbyistes? Et pourtant...

Attardons-nous un instant sur son nouveau matelas. Sa mousse synthétique et le tissu qui l'enveloppe, les produits de traitement qui les imprègnent, les colles et les «parfums» qui masquent les odeurs chimiques libèrent leur propre légion de molécules toxiques, lesquelles s'engouffrent dans les narines de Cécile. Perfluorés, retardateurs de flammes bromés, pesticides et autres gâteries que la coalition des industries de la chimie a réussi à imposer aux fabricants de paillasses, au nom de la lutte contre les taches, l'usure, l'oxydation, les odeurs, les acariens, les puces, les fourmis et le risque d'incendie. En se gardant de rappeler au public qu'il s'agit pour partie de cancérogènes, de mutagènes, de perturbateurs endocriniens, de neurotoxiques... Et que d'autres substances, naturelles mais moins rentables, auraient fait l'affaire sans effets secondaires.

La liste de ces toxiques ne figure pas sur l'étiquetage des matelas car le lobby de la literie, soutenu par celui de la chimie, a réussi ce tour de force : aucune autorité n'a encore osé rendre leur affichage obligatoire. Ni en Europe ni aux États-Unis. Le cocktail chimique que ces firmes introduisent dans nos chambres n'y apparaîtra pas aussi longtemps que les consommateurs ne se mobiliseront pas davantage.

L'Association pour la literie (APL), une pointe avancée du lobby, n'est pas plus bavarde que l'Association européenne des industries de plumes et articles de literie (EDFA). Même refus du côté de la Fédération européenne du négoce de l'ameublement (FENA). Même sur leurs sites ou quand on les contacte directement, les industriels se refusent à révéler l'existence de ces substances. Chacun renvoie à la direction de son groupe. Des directions embarrassées, mais l'une d'elles, après discussion, m'en a dévoilé certains détails. La liste des produits est impressionnante, même si la direction du groupe souligne que sur 821 analyses, quelques-unes seulement montrent des dépassements de seuils autorisés en chrome VI, en phtalates et en formaldéhydes.

Des confidences de professionnels m'ont finalement permis de détailler encore mieux le cortège des molécules. Voici donc un joyeux inventaire, incomplet, des substances dangereuses qu'on trouve dans les matelas les plus communs (à ressorts ou en mousse polyuréthane) : trioxyde d'antimoine, diisocyanate de toluène, aminobiphényl-4, trans-pentyl-cyclohexyl-4, tétrachloréthanes, acétone, résine d'acrylique, polymère fluoré d'amiante, azotyle de benzène, nitrile benzoïque, béryllium et composants, tétrachlorure de carbone, chlorofluorocarbones, chloroforme, chrome et composants, cobalt et composants, essence de cône, cyanite, acétamide de méthyle, formamide de méthyle, épichlorohydrine, éthers de glycol, benzène d'halogène, naphtalènes d'halogène, halons, paradichlorobenzène, composés de chlorure d'ammonium liés, hexachlorobutadiène, indium, carbone de plomb, hydrocarboné de plomb, sulfate de plomb, méthylbenzène (toluène), molybdène, composés organostanniques, rhénium, rubidium, samarium, strontium, tellérium, thallium et composants, acétate de vinyle, etc.

Cette liste démente qui semble sortie du cerveau d'un savant psychotique rêvant de changer le monde jusque dans ses éléments fondamentaux est le grabat moderne sur lequel nous dormons presque tous aujourd'hui. Dès le plus jeune âge. Un mélange issu de l'ingénierie moléculaire des industries prospérant sur nos nuits.

Aux États-Unis, l'Agence de protection environnementale (EPA) a procédé à une analyse des matelas pour évaluer la dose d'antimoine qu'ils contiennent. Elle y a trouvé des taux qui dépassent de 27,5 fois la dose recommandée. Proche parent de l'arsenic, l'antimoine est apprécié depuis la plus haute Antiquité par les empoisonneurs pour ses effets destructeurs. Les Romains connaissaient les vertus vomitives des boissons conservées dans des pots fabriqués avec de la terre qui en contenait[4]. Il s'attaque notamment aux poumons et au cerveau. Sous sa forme trioxyde, celle qui est utilisée dans les matelas et les textiles, il peut surtout endommager le système digestif. Le CIRC l'a classé comme cancérogène possible chez l'homme, ce qui n'empêche pas les industriels de continuer à l'utiliser dans les textiles pour ses propriétés ignifuges[5].

Revenons aux draps de Cécile, à ses taies d'oreillers et à son pyjama, fabriqués en fibres synthétiques issues de produits pétrochimiques. Ils comportent eux aussi une bonne partie de ces substances. Pour les mêmes raisons. S'y ajoute parfois de la perméthrine, un insecticide utilisé dans les bâtiments d'élevage intensif. Éloignant acariens, cafards et moustiques, cette substance est fortement suspectée de jouer un rôle dans la baisse régulière de la qualité du sperme dans les pays industrialisés (le taux de spermatozoïdes s'est réduit environ de moitié depuis les années 1950 ; en France, ce taux a chuté de 32 % entre 1989 et 2005[6]). On y trouve aussi de l'huile d'argousier, un autre pesticide agricole, et du triclosan, un antibactérien qui présente

---

4. K. Bencze, « Antimony », *in* H. Seiler, A. Sigel, H. Sigel, *Handbook on Metals in Clinical and Analytical Chemistry*, New York, Marcel Dekker, 1994, p. 224-236. Cité par le toxicologue André Picot, dans « L'Antimoine, un vieux toxique toujours méconnu », Association Toxicologie-Chimie, http://atctoxicologie.free.fr/archi/bibli/antimoine.pdf, p. 3.
5. André Picot, *ibid.*, p. 8.
6. M. Rolland *et al.*, « Decline in semen concentration and morphology in a sample of 26,609 men close to general population between 1989 and 2005 in France », *Human Reproduction*, Oxford, 2013 (http://humrep.oxfordjournals.org/content/28/2/462).

l'inconvénient de perturber le système hormonal. Mais comment donc se débrouillaient nos parents pour survivre sans cette armada chimique?

Quant aux assouplissants que Cécile ajoute au lavage en croyant que leur douceur et leur parfum l'aident à s'endormir, ils produisent l'effet inverse: ils comportent des irritants et des allergènes, tels l'alpha-isomethyl ionone, l'hydroxycitronellal ou l'amyl cinnamal (et une vingtaine d'autres), qui ont même pour effet de provoquer une gêne respiratoire et des démangeaisons chez les personnes sensibles[7]. C'est une plaie pour les asthmatiques. En tout état de cause, ce n'est pas l'idéal pour lutter contre l'insomnie. Sans compter que ces produits censés nous rendre la vie plus douce contiennent souvent des neurotoxiques comme l'acétate d'éthyle et l'éthanol, et des cancérogènes qui inquiètent le CIRC, tels que l'acétate de benzyle, et d'autres substances peu amènes.

Hélas, l'empoisonnement général de Cécile ne cessera pas lorsqu'elle se lèvera. Les rideaux et les doubles rideaux, la moquette et les tapis traités exhalent en partie les mêmes effluves. L'exposition à ces toxiques continuera quand elle sortira de chez elle. Même son tee-shirt en coton a été traité avec plusieurs d'entre eux qui, au contact de sa peau, trouvent une voie d'accès vers son sang.

---

7. Les industriels n'ont pas réussi à éviter l'obligation d'étiquetage sur les lessives et les assouplissants. Ils doivent indiquer les allergènes, mais ils sont parvenu a arracher le droit de ne pas mentionner ceux qui ne dépassent pas 100 mg/kg.

Officiellement, depuis 2007, la législation euro-péenne a pris le taureau par les cornes en imposant aux industriels une évaluation de 30 000 substances sur plus de 100 000 utilisées. Ce n'est pas négli-geable, d'autant qu'elle leur impose en conséquence le respect de normes fixant des doses à ne pas dépas-ser[8]. Cette obligation est une énorme victoire contre l'Union des industries chimiques (UIC), qui a tout tenté pour faire avorter cette obligation, affirmant que ce dispositif ruinerait les entreprises de l'UE, qui ne pourraient plus concurrencer les géants améri-cains et asiatiques. Finalement, les Américains ont adopté le même système et la législation s'applique aussi aux produits importés.

Reste que les lobbies concernés – en tête desquels la puissante Table ronde des industriels européens, qui réunit les plus grosses firmes de la chimie, des grands groupes de l'agroalimentaire, de l'eau, du pétrole, du textile, de la plasturgie, du médicament et de la télé-phonie – ont obtenu d'importantes concessions. Ils maintiennent ainsi sur le marché de nombreux toxiques avérés en affirmant qu'ils ne savent pas les remplacer. Ils bénéficient par ailleurs d'exemp-tions dans certains secteurs et de délais extensibles pour appliquer le règlement. Les pesticides ne sont pas couverts par ces tests, pas plus que les produits

---

8. Il s'agit du règlement REACH (Registration, Evaluation, Authorisation and Restriction of Chemicals – Enregistrement, évaluation, autorisation et restric-tion des produits chimiques), voté en décembre 2006 et progressivement mis en application depuis juin 2007 en France.

radioactifs, les nanomatériaux et toutes les substances produites en « faible quantité[9] ».

Autre grave problème, l'obligation d'évaluation repose sur l'étude des substances prises une par une, sans considérer les effets de leur accumulation et des interactions entre elles. Ce qui ne correspond jamais à la réalité de nos expositions quotidiennes. Les experts consultés à ce sujet par la commission européenne ont rendu des conclusions affolantes car les combinaisons des différents produits sont innombrables et le plus souvent explosives, multipliant parfois leur toxicité par cent ou mille : « Nous avons aujourd'hui la preuve que diverses associations de produits chimiques réagissent dans le corps et forment des composés qui sont bien plus forts que chaque substance prise séparément. Les recherches de l'université de Göteborg, qui ont été menées en collaboration avec l'université de Londres, ont montré que l'effet combiné du cocktail est bien plus toxique que l'effet des substances chimiques prises individuellement. Le nombre d'associations de substances chimiques est impressionnant et il n'est tout simplement pas possible de tester chaque association[10]. »

La faiblesse des contrôles sur le terrain pour faire respecter les normes aggrave la situation, car d'innombrables articles d'importation transgressent les normes européennes.

---

9. En dessous d'une tonne par an, ce qui pose le problème des substances dont la toxicité est si grande qu'une très faible production peut représenter un énorme risque.
10. Service d'information de la Commission européenne, communication du 30 mars 2010.

Bébé, cerné dès sa naissance...

Quand les firmes réinventent la pédiatrie

Des pleurs réveillent Cécile. Félix est passé du couinement imperceptible aux cris déchirants. Il ne retrouve pas la tétine tombée de sa bouche pendant son sommeil. En général, le bébé de 8 mois ne se donne pas plus de quatre ou cinq secondes pour la chercher avant de déclencher la grande alarme. La maman ne s'en émeut plus; elle a installé le berceau tout contre son lit, à portée de main. Elle tend le bras en gardant les yeux fermés et tâtonne autour de la tête du nourrisson. Elle est devenue experte de la recherche de tétine dans le noir: ses doigts fouillent les plis de la turbulette, inspectent la tranchée autour du matelas puis dénichent enfin l'objet sacré, sous son oreille. Le bout de caoutchouc, replacé dans la bouche, stoppe aussitôt les pleurs. Le bébé devrait se rendormir.

Du moins, c'est ainsi que la scène rituelle se termine d'habitude. Car cette fois-ci, au lieu de retrouver son sommeil, Félix recrache l'artefact et remonte le volume. Cécile comprend qu'il ne se calmera qu'après un biberon. Elle jette un œil sur le réveil, il est... 23 h 58 ! Soupir. La voracité du nourrisson n'a pas d'heure, même s'il faut admettre que les choses vont beaucoup mieux qu'avant.

Le pédiatre avait conseillé de passer au biberon pour le cadrer. « Le sein peut provoquer une certaine... addiction ! avait-il lâché en souriant. L'allaitement, c'est bien, mais trop c'est trop. Et là, cinq fois par nuit, il faut dire stop. Sinon, ce sera la spirale, votre fatigue s'accumulera et vous serez moins disponible pour votre enfant dans la journée, au final ce sera plus mauvais pour lui... Le biberon va mettre un peu de distance, il appréciera moins, ça va sans doute le calmer. » Elle s'y était résolue ; mais ça n'avait pas du tout apaisé l'enfant. Au contraire, son avidité avait décuplé. « C'est sans doute une petite réaction passagère pour compenser la frustration », avait commenté le médecin.

Et Félix s'était réveillé sans cesse. Sans raison apparente. Le moindre bruit, le plus petit craquement le tirait du sommeil. Il semblait à l'affût de tout. « Il se réveille comme ça, pour rien, et pleure, s'inquiétait Cécile. Si la tétine ne marche pas, je dois le dorloter jusqu'à ce qu'il se rendorme ou lui donner un biberon. Mon mari prend un peu la relève mais comme il doit se lever pour travailler, ça ne peut pas durer... »

Le praticien a assuré que le sommeil de Félix se réglerait progressivement. Mais les choses ont continué d'empirer – jusqu'à trente réveils par nuit ! La décision a été prise d'administrer un calmant au bébé : « Ne vous inquiétez pas, c'est parfaitement dosé. »

Max, son époux, n'a pas franchement approuvé ce choix. Mais devant les résultats, il s'y est résigné, avec une pointe d'ironie : « Comme ça, maintenant, nous sommes deux à prendre des médicaments pour dormir ! »

Au lieu de s'inquiéter et de s'interroger sérieusement sur la pharmacopée nécessaire à leur sommeil, le couple y voit un progrès scientifique : il y a cent ans, se disent-ils, ils n'auraient pas eu la chance de profiter de ces nouveaux médicaments.

Félix en bénéficie mieux que personne. Non seulement il dort mieux avec le calmant, mais sa maman n'a plus besoin de le prendre contre elle après le biberon et de lui tapoter le dos pour le faire roter. Un agent antirégurgitation mélangé au lait en poudre évite ce dérangement et permet de l'allonger aussitôt. Cécile en a vu la publicité dans son guide pour jeune maman trouvé dans la salle d'attente du pédiatre. À aucun moment, malgré la présence de leurs logos, elle n'a songé que des firmes pharmaceutiques pouvaient avoir financé la rédaction de la brochure.

Des lobbies dans le berceau

Les jeunes mères reçoivent le plus souvent des maternités une mallette pleine de fascicules, mais il s'agit pour l'essentiel de prospectus et de documents contenant des informations préparées par des marchands d'articles pour bébés. Les producteurs de lait en poudre, de couches, de biberons, d'eau en bouteille et de médicaments ont visiblement le souci de bien orienter le comportement des accouchées et leur achat. Celles qui espèrent y trouver une information qui ne soit pas un travestissement publicitaire ne peuvent qu'être déçues. Mais beaucoup, hélas, croient naïvement que si la maternité leur a offert cette mallette, c'est parce que son contenu est de qualité – validé par l'institution médicale. D'autant que les logos et les illustrations qui les accompagnent montrent des professeurs en blouses blanches et des labels assurant que les produits sont contrôlés par des laboratoires sérieux.

En fait, on ne trouve dans le commerce presque aucun guide de la maternité et de la petite enfance véritablement indépendant des multinationales qui prospèrent sur cet immense marché. Raison pour laquelle, en 2006, Pierre Perbos et le Dr Bernard Topuz, médecin-chef des centres de protection maternelle et infantile de Seine-Saint-Denis, ont perçu la nécessité d'en écrire un. L'ouvrage a reçu le prix *Prescrire,* décerné par la revue éponyme, la publication de référence des médecins généralistes connue pour son indépendance et son intégrité scientifique [11].

Le pionnier du lobbying, Edward Bernays, a discerné dès la première moitié du XXᵉ siècle le potentiel commercial que représentait pour les industriels l'instrumentalisation des médecins et des personnalités

---

11. Pierre Perbos et Bernard Topuz, *Le Guide du bébé : bien accompagner bébé de 0 à 1 ans,* Paris, J'ai lu, coll. « Librio Santé », 2006.

auréolées de savoir. Avec le plus grand cynisme, il en a fait un véritable système pour développer les marchés les plus divers, y compris celui des cigarettes et des aliments industrialisés. Les slogans sur la santé et le bien-être, disait-il, sont les meilleurs des arguments de vente. C'est avec eux qu'il a littéralement inventé de nouveaux besoins. Son concept favori, la « fabrication de l'opinion », ainsi que ses procédés ont été adoptés par les lobbyistes et les communicants du monde entier qui lui rendent régulièrement hommage. Ces derniers demeurent toutefois discrets sur le système politique qu'il voulait mettre en place avec son « ingénierie du consentement », visant à conditionner les consommateurs selon les directives d'un « gouvernement invisible composé des grands industriels et de l'élite politique [12] ».

Sous sa houlette, éditeurs, journaux et chaînes de télévision ont été mis à contribution pour « guider le public ». Aux États-Unis, Edward Bernays a même créé des radios généralistes pour conseiller, sous des formes crédibles et attachantes, les consommateurs dans leurs choix quotidiens. Ses messages trompeurs lui ont permis de faire décoller les ventes de savon [13] et de dentifrice de Procter & Gamble, de mouchoirs jetables Kleenex, et de jus d'orange d'United Fruit

---

12. Edward Bernays, *Propaganda*, New York, H. Liveright, 1928. Réédité sous le titre *Propaganda : comment manipuler l'opinion en démocratie*, avec une préface de Normand Baillargeon, Paris, Zones, 2007.
13. Tout en lançant un concours national de sculpture sur savon auquel participeront des milliers d'enfants américains, un guide fut diffusé aux mamans pour leur expliquer comment récupérer les copeaux et refaire des savonnettes.

Company... Il a même enrôlé de nombreux médecins et monté des instituts pour convaincre les gens des bienfaits du tabac pour la gorge, les cordes vocales et les poumons, ainsi que pour garder la ligne. Au passage, il a vendu aux Américains les «bienfaits» des œufs et du bacon au petit-déjeuner [14]. Les alicaments, ces aliments marketés comme des produits pharmaceutiques, ne sont qu'un prolongement de ces subterfuges.

On peut s'étonner de voir aujourd'hui tant de maternités oser diffuser ces prospectus déguisés en livrets d'information, remplis de «conseils» qui, insidieusement, poussent les mères à des dépenses inutiles, voire dangereuses. Des réactions tout à fait naturelles y sont parfois présentées comme des manifestations inquiétantes et pour lesquelles des médicaments sont, comme par hasard, prévus. Si Cécile a été ravie de voir son pédiatre lui conseiller un antireflux quand elle allaitait, puis, quand elle est passée au biberon, un lait contenant un agent antirégurgitation, c'est que l'industrie pharmaceutique a médicalisé cette régurgitation universelle, dont s'accommodaient nos grands-mères, en le rebaptisant du nom angoissant de «reflux gastro-œsophagien du nourrisson» (RGO). Pour vendre un traitement, encore faut-il une affection; ces firmes ont ainsi créé un besoin et vendu des médicaments antireflux et autres

---

14. Il a également travaillé pour l'OSS (l'ancêtre de la CIA) et vendu des présidents aux électeurs américains comme des lessives, consolidant les bases du marketing politique, de la propagande, de l'obésité nationale et du tabagisme féminin. Jusqu'à ce qu'il explique, sur ses vieux jours, dans les années 1990, que le lobbying était en fait une science de l'arnaque menaçant les démocraties modernes.

« stimulants de la mobilité gastrique » pour « renforcer le tonus musculaire de l'œsophage et de l'estomac ». Dans quelques mois, quand Félix sera en âge de manger des aliments plus consistants, on pourra lui donner des antisécrétoires d'acidité, à prendre quatre fois par jour ou avant chaque repas, des pansements gastriques contenant de l'hydroxyde d'aluminium, voire des anti-vomitifs comme la métoclopramide (neuroleptique qui prévient le vomissement en bloquant les zones dopaminergiques du cerveau).

Il est bon de rappeler que certains de ces médicaments dont la consommation est rapidement devenue très large ont d'abord été autorisés pour des cas de régurgitation pathologique. En étendre les indications dans un second temps, voilà l'une des stratégies les plus payantes du lobbying, qui permet de contourner les règles d'évaluation. Le cisapride est l'un de ces médicaments détournés, quand bien même ses effets indésirables officiels ne devraient pas permettre sa banalisation : maux de tête, troubles cardiaques, vomissements, diarrhées et nombreuses interactions médicamenteuses [15]. Il est consternant de voir que des sites spécialisés dans la santé, financés par des firmes pharmaceutiques, en font la promotion sur Internet en oubliant de rappeler que l'organisme du nourrisson finit par remédier lui-même à cette régurgitation après quelques mois.

---

15. Le Comité européen des spécialités pharmaceutiques a finalement demandé aux pays de l'UE une restriction sérieuse de ses indications et l'Afssaps a songé à en informer les médecins en... demandant à l'industrie pharmaceutique de s'en charger.

Des lobbies qui collent aux dents

Dans le monde merveilleux de l'enfance, la moindre contrariété est médicalisée. Ainsi, les suppléments en calcium et en fluor y sont préconisés dès le plus jeune âge à travers toutes sortes de produits. Qui peut se douter, en lisant les slogans protecteurs sur les tubes de dentifrice, que le fluor est un neurotoxique qui ne doit être prescrit qu'avec une extrême précision, à des doses très faibles?

Les lobbies industriels ont lancé les premières grandes campagnes de promotion du fluor dans les années 1950 aux États-Unis, au nom de la lutte contre les caries. Procter & Gamble, la première multinationale à s'être lancée dans la production de dentifrice au fluor, en a tiré d'énormes bénéfices. D'autres géants industriels ont profité de l'opportunité, créant un immense marché mondial: le fluor a été diffusé à travers des chewing-gums, des boissons, du sel, des céréales, des solutions pour bains de bouche, etc. L'argument du renforcement de l'émail des dents par le fluor présentait l'avantage de ne pas se mettre à dos les producteurs de sucres et de friandises.

Pour se donner la légitimité chère à Edward Bernays, les lobbies de la chimie et du médicament se sont adjoint le soutien de l'Association dentaire américaine (ADA), représentant les dentistes, pour convaincre l'OMS de la nécessité du fluor, et ont convaincu les ministères de la Santé des États-Unis et du Canada de recommander d'en ajouter dans l'eau du robinet. Bingo: les deux nations ont imposé à la population une eau du robinet fluorée, et ont été bientôt suivies par d'autres pays.

Les pédiatres et les dentistes européens se sont mis à recommander à leur tour l'usage de la nouvelle substance magique. Cette prescription à la mode jusqu'en France a même visé les femmes enceintes : l'embryon, leur assurait-on, emmagasinerait ainsi un stock de fluor utile pour sa future dentition. Il serait bon qu'un jour un historien se penche sur ce grand moment de l'histoire de la médecine qui montre la capacité des industriels à réinventer la pédiatrie et la dentisterie au gré de leurs opportunités économiques.

De leur côté, les médecins et les chercheurs qui ont osé mettre en exergue les dégâts de ces campagnes massives ont longtemps connu de véritables persécutions de la part des producteurs et de certaines autorités sanitaires. Car le lobbying, c'est aussi cela. Le Dr George L. Waldbottt en a fait les frais quand il a mis en évidence la toxicité du fluor, et plus particulièrement la fluorose dentaire et osseuse en 1955, puis sa neurotoxicité dès 1957 [16]. On lui doit aussi d'avoir mis en évidence l'existence d'une phase de préfluorose, caractérisée notamment par des troubles neurologiques (paresthésie, céphalées, vertiges et troubles de la vision [17]). La volonté incessante de mettre en

16. George L. Waldbottt, « Tetaniform Convulsions Precipitated by Fluoridated Drinking Water », *Confinia Neurologica*, 1957, vol. 17, n° 6, p. 339-347.
17. Georges L. Waldbdott, « Preskeletal Fluorosis Near an Ohio Enamel Factory: A Preliminary Report », *Veterinary and Human Toxicology*, février 1979, vol. 21, n° 1, p. 4-8. Voir aussi Committee on Fluoride in Drinking Water, National Research Council, *Neurotoxicity and Neurobehavioral effects, Fluoride in Drinking Water: A Scientific Review of EPA's Standards*, 2006.

doute ses études et sa réputation, notamment en faisant circuler des rumeurs le disant déséquilibré, ont retardé leur reconnaissance. Elle n'a cependant pas pu empêcher ces études de devenir des références pour la communauté des toxicologues, bien que cette dernière n'ait jamais été entendue. La toxicologie est une source potentielle de scandales très embarrassants pour les industriels, dont les produits sont validés trop rapidement par les autorités. Cette discipline souffrira toujours d'un véritable refoulement par les décideurs.

Les Américains connaissent aujourd'hui une énorme crise sanitaire. Les cas de fluorose sont devenus fréquents. Ce surdosage, qui provoque des taches brunâtres sur les dents, sans parler des troubles neurologiques attestés par des centaines d'études et des cas d'hypothyroïdie, touchait déjà 23 % des jeunes de 6 à 19 ans en 1986, pour atteindre 32 % en 2002[18]. Ces monstrueux pourcentages ont contraint les autorités à faire cesser la prescription de fluor chez la femme enceinte et chez les bébés avant l'âge de six mois. De nombreux observateurs insistent désormais pour qu'on fasse preuve de cohérence et qu'on mette un terme à son usage massif.

Dans notre pays, l'Agence française de sécurité sanitaire des produits de santé (la fameuse Afssaps qui a longtemps refusé de reconnaître les dégâts du

---

18. Eugenio D. Beltrán-Aguilar *et alii.*, « Surveillance for Dental Caries, Dental Sealants, Tooth Retention, Edentulism, and Enamel Fluorosis 1988-1994 and 1999-2002 », *Morbidity and Mortality Weekly Report*, août 2005, vol. 54, n° 3, p. 1-44.

Mediator) a enfin reconnu dans un rapport, en 2008, l'existence de fluoroses dentaires chez 2,5 % à 8 % des enfants et adolescents. Ils l'ont fait sur la base d'études portées à leur connaissance... dès 1998[19] ! Malgré ces études et les alertes répétées de centres français de protection maternelle et infantile (PMI) signalant des cas de fluorose à la fin des années 1990[20], les firmes vendant les comprimés n'ont pas cessé de pousser les médecins à les prescrire. C'est d'autant plus stupéfiant que l'agence avait remis, en 2002, un avis au ministère de la Santé révélant que les études épidémiologiques entreprises pour évaluer l'efficacité de la fluoration prénatale et postnatale ne montraient aucun résultat positif statistiquement significatif.

Si des procès sont lancés un jour en France sur ce dossier, les experts de l'Afssaps devront s'expliquer sur l'autorisation donnée aux laboratoires de faire avaler du fluor aux femmes enceintes et d'y exposer leur embryon. Mais encore faudrait-il, pour saisir les tribunaux, que le public soit informé.

C'est loin d'être gagné. Dans cette affaire, les responsables marchent sur des œufs, qui plus est à reculons, pour que le scandale n'explose pas. En 2006, le ministère de la Santé a esquissé un premier pas en arrière en interdisant le fluor dans les compléments alimentaires. De son côté, l'Afssaps a cessé, deux ans plus tard, de recommander la supplémentation de

---

19. Afssaps, *Mise au point – Utilisation du fluor dans la prévention de la carie dentaire avant l'âge de 18 ans*, octobre 2008.
20. Avec le docteur Bernard Topuz, je les avais évoquées dans *Des Lobbies contre la santé*, Paris, La Découverte, 1998.

fluor chez les bébés de 0 à 6 mois, en relativisant le rôle du fluor dans la prévention de la carie au regard des autres moyens d'action que sont, après l'apparition des dents, le brossage et un bon équilibre alimentaire. L'interdire aurait pourtant été plus conséquent, car après l'avoir recommandé pendant de longues années, les habitudes prises par les médecins n'allaient pas s'inverser comme par magie, surtout sous la pression de laboratoires qui ne se relâchait pas, en particulier à travers leurs visiteurs médicaux intervenant auprès des prescripteurs et leurs articles à vocation publicitaire dans les revues médicales. L'agence indiquait par ailleurs que « compte tenu de la diversité des apports en fluor (eau, sel, dentifrice ingéré par les enfants qui ne savent pas encore bien recracher...), toute prescription de fluor médicamenteux (gouttes ou comprimés) doit être précédée d'un bilan personnalisé des apports journaliers en fluor[21] ». Là encore, la plupart des prescripteurs ne lisant pas les rapports de l'Afssaps ont ignoré cette injonction, comme l'ont révélé des enquêtes relatées par la revue *Prescrire*.

L'OMS quant à elle a fini par noter, en 2006, que « des millions de personnes sont exposées à une concentration excessive de fluor dans l'eau » et qu'avant toute prescription, il faut prendre en compte la consommation de poissons de mer[22]. Mais il aurait fallu se soucier aussi de mesurer les taux de

---

21. Afssaps, *Mise au point – Utilisation du fluor dans la prévention de la carie dentaire..., op. cit.*
22. John Fawell *et al.*, *Fluoride in Drinking-water*, rapport OMS, 2006.

fluor apportés par d'autres supports, notamment les fruits de mer pollués pendant des décennies par les rejets fluorés de l'industrie des insecticides, les revêtements anti-adhérents, l'aluminium, le charbon et le nucléaire. Il faudrait prendre en compte le taux de fluor apporté par la pollution atmosphérique qui, dans les zones les plus industrialisées, peut atteindre un niveau considérable.

Mais quel médecin ou quel dentiste prend le temps de faire le bilan de tous ces apports pour chaque patient avant de rédiger son ordonnance? Seuls les professionnels lisant la revue *Prescrire*, qui pointe régulièrement les problèmes posés par les surdoses de fluor, ont eu le réflexe de s'en soucier (soit un médecin sur neuf et quelques rares dentistes), mais sans pouvoir faire le tour de tous les apports environnementaux [23].

Le cas du fluor est l'illustration parfaite d'une aubaine économique entretenue par plusieurs lobbies trouvant un intérêt commun à convaincre les autorités de soutenir leur campagne. Ainsi, l'agroalimentaire en a longtemps tiré profit, alors que ses produits ont joué un rôle majeur dans l'explosion des caries. De leur côté, les géants pharmaceutiques et chimiques y ont vu un marché captif très durable, et ont su façonner les représentations du monde médical et celles des dentistes par la répétition des mêmes messages, la multiplication des publi-reportages (publicités

---

23. *Prescrire* est la seule revue médicale généraliste, avec *Pratiques*, qui maintient son indépendance vis-à-vis des firmes en refusant leurs publicités.

déguisées en enquête) et le soutien des pouvoirs publics sous la forme de « campagnes de sensibilisation ».

Mais le fluor n'est qu'un exemple parmi d'autres des effets d'aubaine économique autour desquels se coalisent les lobbies, construisant de larges consensus autour de fausses évidences qui rendent inaudibles les alertes lancées par des chercheurs isolés.

Ultime remarque avant de franchir l'heure suivante de notre journée ordinaire : le calcium, lui aussi largement promu par les mêmes lobbies, vise à renforcer la solidité des os, alors même que le fluor diminue leur résistance et favorise ainsi les fractures, en particulier celles du col du fémur et du poignet. Mais nous n'en sommes pas encore au fabuleux marché de l'ostéoporose, que nous aborderons quand nous ferons la connaissance du beau-père de Cécile. Car si les bébés sont des proies de choix pour les lobbies, nous allons voir que les personnes âgées sont aussi devenues l'objet d'un lobbying de tous les instants, jusqu'à leur dernier souffle, et même au-delà...

Papa prend des somnifères

Les intérêts qui règnent sur notre sommeil

Max, le mari de Cécile, qui dort à ses côtés, ne rêve pas. Son sommeil est profond. Il se croit insomniaque et prend chaque soir un somnifère. Sans lui, pense-t-il, impossible de faire une «nuit normale». Son médecin ne l'a pas contredit et lui renouvelle régulièrement sa prescription, bien que la notice signale que ce médicament n'est pas à prendre au-delà de quelques semaines. Cela dure depuis trois ans. Même le pharmacien ne semble pas s'en inquiéter.

Max ne sait pas que le laboratoire qui fabrique le produit offre régulièrement des petits cadeaux à son prescripteur, et même parfois une villégiature exotique ou des dîners-spectacles. La loi «anti-cadeau» ne change rien à l'affaire, les dons des laboratoires sont nombreux et les rémunérations pour le suivi des essais des nouveaux médicaments sur leurs patients restent autorisées. Les médecins qui les acceptent n'y voient pas de mal et quand on les interroge à ce sujet, certains reconnaissent qu'avec tous les produits qu'ils prescrivent, les firmes «peuvent bien faire des gestes de remerciement[24]» !

Le médecin de Cécile, comme la plupart de ses confrères, feuillette tous les jours *Le Quotidien du médecin* où les publicités pour ses médicaments préférés fleurissent dans chaque numéro pour financer le journal et entretenir les bonnes habitudes des prescripteurs. Le journal lui est envoyé gratuitement, comme à tous les médecins. Il ne prend pas le temps de le lire, survole les titres des articles et, parfois, s'arrête sur un chapeau en caractères gras. Il ne songe pas que l'industrie du médicament qui finance le journal et pèse sur son contenu en a fait un instrument de lobbying et de marketing pour modeler son jugement. Il ne réfléchit pas non plus à la raison pour laquelle les Français sont les plus gros consommateurs de médicaments en Europe et pourquoi ils avalent en moyenne deux fois à trois plus de psychotropes (antidépresseurs, tranquillisants, somnifères...). Les Français dormiraient-ils plus mal que les autres ou souffriraient-ils plus de troubles psychiques ?

Cette question, il ne se la pose pas, à l'aune de son journal. Peut-être lui viendrait-elle à l'esprit s'il assistait à l'un des cours de neurologie où d'éminents professeurs rappellent aux étudiants que la première question qu'ils devront se poser en voyant arriver un patient est de savoir quels médicaments il a consommés, particulièrement quels psychotropes, car toutes les affections neurologiques peuvent être causées par

---

24. Entretiens de l'auteur avec des médecins, 2012.

ces derniers[25]. S'il retournait ainsi sur les bancs de la fac pour suivre cette spécialité, il songerait à approfondir son petit colloque standard avec ses patients consommant des médicaments à risque neurologique. Par exemple pour savoir s'ils ne souffrent pas de nouveaux troubles tels que des tremblements, des pertes de mémoire plus fréquentes... Un syndrome parkinsonien, notamment, apparaît souvent lorsque l'on consomme des psychotropes. Il aurait alors relevé que Max éprouve quelquefois des sensations de ralentissement de ses gestes qui l'auraient conduit à changer son traitement...

Dans les années 1990, le psychiatre Édouard Zarifian avait lancé une grande alerte sur les psychotropes[26]. Elle n'a rien changé. Les Français rivalisent toujours avec les Américains[27]. Nous sommes environ cinq millions dans l'Hexagone à en avaler régulièrement, de l'enfant à l'adulte âgé. Et neuf millions sont considérés comme des «consommateurs occasionnels».

La singularité française repose sur quelques faits saillants : la place centrale des firmes pharmaceutique dans le dispositif de formation du corps médical (y compris chez les futurs neurologues) et leur présence

---

25. Pr Gilles Géraud *et al.*, «Les effets indésirables neurologiques causés par les médicaments», *in Traité EMC Neurologie*, Paris, Éditions scientifiques et médicales Elsevier SAS, 1999.

26. Édouard Zarifian, *Mission générale concernant la prescription et l'utilisation des médicaments psychotropes en France*, CREDES, ministère de la Santé, 1996 et *Le Prix du bien-être*, Paris, Odile Jacob, 1996.

27. Source : Observatoire français des drogues et des toxicomanies.

tout au long de leur carrière ont toujours favorisé les volumes de prescription, de même que leur financement massif de la presse médicale. La mansuétude infinie des autorités de contrôle du médicament pour cette industrie verrouille la situation et ne laisse pas espérer de changement significatif malgré les scandales qui secouent l'Agence du médicament chargée d'évaluer les produits et de les autoriser.

Depuis l'affaire du Mediator, il est désormais possible d'évoquer un autre aspect de ce lobbying tous azimuts, sans être regardé comme un grand paranoïaque : la bienveillance attentive des grands laboratoires pour les hommes politiques. Comme me l'a confessé le proche conseiller d'un président de la République : « Le pouvoir de ce lobby est inimaginable. Il nous apporte une montagne d'argent sur laquelle nous sommes tous assis, à gauche comme à droite. » Il faut le dire et le répéter : Jacques Servier, le patron du laboratoire éponyme produisant le Mediator et perfusant la vie politique, n'a rien d'une exception. Nos grands élus n'envisagent pas une seconde de donner de coup de pied dans la pièce montée. En 2013, l'affaire Cahuzac mettant en cause le ministre du Budget a vu le parquet demander l'ouverture d'une information judiciaire concernant un compte caché en Suisse et le versement sur ce compte de financements venus de l'industrie pharmaceutique. Le dossier révèle aussi que Jérôme Cahuzac a fait auparavant du lobbying pour des firmes pharmaceutiques, avec le concours de Daniel Vial, le lobbyiste le plus influent des laboratoires, comme l'a souligné *Mediapart*.

Le Leem, le syndicat qui représente les entreprises du médicament, n'aime pas qu'on rappelle les performances françaises en matière de comprimés. Quelle que soit notre place dans cette course, le fait le plus symptomatique est que la population des pays riches n'a jamais avalé autant de médicaments qu'aujourd'hui. Le marché des psychotropes ne cesse de s'élargir en médicalisant les malaises psychosociaux et les émotions liées aux différents aspects de la vie quotidienne, tout en profitant de la progression des affections neuropsychiques, parfaitement documentée[28]. En outre, ces médicaments engendrent régulièrement des troubles qui appellent eux-mêmes des médicaments, tout particulièrement chez les personnes âgées surmédiquées.

---

28. Société des neurosciences, Société française de neurologie et Fédération pour la recherche sur le cerveau, colloque « Priorité cerveau : un enjeu national », 16 septembre 2010.

Dormir la fenêtre ouverte

Des lobbies sous la terre

Dormir... Si seulement le sommeil nous protégeait contre le poids des lobbies. Mais au-delà des laboratoires qui se soucient plus de soigner les retours sur investissements de leurs actionnaires que d'améliorer la santé de la population, d'autres groupes d'intérêt pèsent sur notre qualité de vie. Cécile n'y échappe pas.

L'appartement de Cécile et Max est niché au premier étage d'un immeuble récemment construit dans le quartier de la Plaine Saint-Denis, juste au-dessus de la porte de la Chapelle, au nord de Paris, à quelques centaines de mètres à peine du prestigieux stade de France, non loin des studios de cinéma et de télévision, dont le célèbre Studio 107 qui fit la gloire du petit écran.

Dans la chambre contiguë à la leur, les deux autres enfants de Cécile et Max sommeillent aussi. Max a pris soin d'ouvrir leur fenêtre et la sienne pour renouveler l'air. « On ne peut pas vivre avec les fenêtres toujours fermées, même si ça fait entrer les gaz d'échappement des bagnoles », dit-il. Le couple a de bonnes raisons de s'en plaindre, son pâté de maisons est coincé entre le périphérique parisien, l'autoroute A8 et la RN1 où défilent chaque jour des dizaines de milliers de véhicules. Mais ils ne savent pas tout.

Ils ignorent, comme les autres habitants de la zone, que l'air qu'ils respirent porte des miasmes inodores tout aussi nocifs que les particules de diesel du trafic routier, voire plus dangereux. Les effluves d'une catastrophe survenue lors de la Seconde Guerre mondiale... Un dossier que des lobbies ont longtemps tenu secret et sur lequel les autorités continuent à se montrer trop effacées.

Ces gaz remontent des terres imbibées par d'immenses dépôts d'hydrocarbures aromatiques polycycliques, à l'époque hautement stratégiques pour la logistique militaire, et de produits chimiques accumulés par l'industrie gazière (un mélange de cyanure, d'arsenic, de plomb et de dizaines d'autres cancérogènes, mutagènes et neurotoxiques). Cette gigantesque pollution est l'une des plus rémanentes de France, depuis le bombardement de la Plaine Saint-Denis, en 1944, par les forces alliées. Plusieurs pilonnages bien planifiés préparant le débarquement. Les manuels d'histoire, quand ils retracent la progression des armées de Libération, évoquent les bombardements de certaines villes mais leurs auteurs semblent ignorer que les bombardiers, contraints d'affaiblir les dépôts ferroviaires et les complexes industriels qui appuyaient la logistique militaire allemande, ont laissé un peu partout en France et en

Europe ce genre de «Verdun chimique». Le revers de la médaille.

Les travaux de dépollution qui auraient dû être réalisés lors de la reconstruction, après-guerre, sont aussitôt devenus un sujet tabou. Les autorités françaises l'ont dissimulé jusqu'au début des années 2000 et se gardent encore aujourd'hui d'en faire la publicité, malgré leurs obligations légales, car l'État et les collectivités sont de grands propriétaires de terrains pollués (en particuliers des «terrains orphelins» abandonnés par des entreprises indélicates ayant mis la clé sous la porte) et parce que les plus grosses industries font valoir les répercussions économiques que ne manquerait pas d'avoir la dépollution de tous leurs sites[29]. Même si la France avait songé à en faire rembourser le coût au titre des dommages et intérêts que l'Allemagne devait lui verser, les États-Unis l'avaient finalement obligée à effacer l'ardoise pour soutenir le redressement économique du grand vaincu. Le budget de la dépollution nationale est d'ailleurs impossible à chiffrer tant que les travaux n'ont pas été menés jusqu'au bout.

En tout état de cause, les enjeux économiques d'une telle dépollution étaient assez lourds pour que les nombreux lobbies concernés renâclent. En tête, les sociétés immobilières, les grands propriétaires, les géants du pétrole, la puissante industrie de la chimie, les groupes de construction et les collectivités

---

29. Frédéric Ogé et Pierre Simon, *Sites pollués en France*, Paris, J'ai Lu, coll. «Librio santé», 2004.

locales soucieuses de ne pas les contrarier ou d'éviter d'alourdir leurs propres charges. Du côté de l'État, l'explosivité du dossier atteignit rapidement un tel niveau qu'on prit soin de le poser sous les fesses moelleuses de hauts fonctionnaires pour qui la discrétion est la valeur suprême. Ces derniers se chargèrent de calmer les inquiétudes de ceux qui, par accident, accédaient à des archives industrielles n'intéressant – n'est-ce pas – plus personne. Quant au Bureau de recherches géologiques et minières (BRGM), susceptible de découvrir des gisements nauséabonds, c'est un service public qui ne tousse jamais sans l'autorisation des ministères. En somme, personne n'avait envie de soulever le problème. On abandonna donc à son insouciance la population vivant sur ces sols souillés et respirant leurs gaz toxiques, surtout dans la périphérie des grandes villes où se concentraient les sites sensibles.

Il a fallu attendre les années 1990 pour que de rares voix rebelles commencent à se faire entendre. Tout particulièrement celle d'un certain Frédéric Ogé, géographe passionné par les anciens sites industriels, qui a alors pris conscience de l'étrange passivité des autorités devant des sites délaissés par les grands groupes chimiques sans raison apparente, ou revendus à des sociétés immobilières peu regardantes.

Les alertes lancées par Frédéric Ogé auprès du ministère de l'Environnement sont d'abord restées sans effet. Ainsi, en 1998, Dominique Voynet, qui dirigeait ledit ministère, est restée muette comme une carpe devant les notes que le géographe lui avait communiquées, portant à sa connaissance une méthode d'inventaire des sites douteux. Il évaluait leur nombre entre 300 000 et 400 000. Comme à reculons devant une bombe tombée à ses pieds sans exploser, la ministre signa un document officiel ne reconnaissant que quelques centaines de sites concernés en France. Pourtant, le géographe savait de quoi il retournait puisque c'était précisément lui que le ministère de l'Environnement avait chargé, plusieurs années auparavant, de mettre au point la méthode d'inventaire des sites que les services devraient appliquer un jour pour dresser la carte nationale des lieux à expertiser sur le terrain. L'hypocrisie des autorités françaises a duré jusqu'à ce que Frédéric Ogé, révolté, prenne la décision de rendre publique sa propre liste et la méthode d'inventaire. Le ministère s'est complètement résigné en 2006 devant un projet de directive de l'UE rendant obligatoire cet inventaire, quelle que soit l'origine de la pollution des sols, au grand dam du CEFIC (le Conseil européen de l'industrie chimique) et des lobbies qui ont tenté - cette fois en vain - de tuer dans l'œuf cette réglementation européenne, puis d'en paralyser la transcription nationale.

Bien d'autres lobbies ont suivi l'affaire d'un œil inquiet, osant à peine utiliser leur service de « relations institutionnelles » pour arrondir les angles. Par exemple, les industriels de la photographie, dont les usines ont enfoui des déchets toxiques sur leurs propres terrains durant des décennies avant de les céder à des projets de construction. Un nombre très élevé de cas de cancers constatés chez les enfants d'une maternelle construite sur un ancien site pollué du groupe Kodak, à Vincennes, a apporté une dramatique illustration à ce scandale.

Toutes les villes de France se sont alors vues contraintes d'affronter leur dossier. Mais les grandes villes comptent une telle densité de sites pollués qu'elles restent le plus souvent paralysées. À commencer par Paris et sa banlieue proche où l'on en dénombre... 10 000 ! Dont quatorze usines d'amiante et douze usines à gaz qui ont abondamment déversé leurs résidus cancérigènes sur les sols qu'elles occupaient, certaines *intra-muros*. Le chiffre donne une petite idée de l'ampleur du problème. La capitale la plus visitée au monde ne parviendra pas à liquider son passé industriel de sitôt, y compris dans ses quartiers les plus distingués. Les immeubles haussmanniens sur les avenues les plus prestigieuses cachent souvent un terrain encore gorgé de poisons.

Les acteurs économiques et politiques de la Plaine Saint-Denis, où vit la famille de Cécile, n'y échapperont pas. D'autant que la transcription française de la directive contraint les revendeurs de terrains et d'immeubles à affronter le vilain héritage. La loi les place devant l'obligation d'assumer les frais de dépollution et elle oblige les notaires eux-mêmes à signaler l'éventuelle pollution à tous les acheteurs après avoir consulté la carte des sites suspects officialisés par le BRGM.

Hélas, le problème n'est pas résolu pour autant car les sous-sols réservent souvent d'autres surprises. Ainsi, les trois communes qui se partagent le secteur de la Plaine Saint-Denis – Aubervilliers, Saint-Ouen et Saint-Denis – n'auront jamais achevé sa dépollution car une immense nappe phréatique s'étend sous elle. Or celle-ci est tellement polluée depuis le bombardement qu'elle imbibe à nouveau les sols de ses substances délétères chaque fois que son niveau remonte. C'est d'ailleurs le casse-tête désolant que les responsables du stade de France s'efforcent de résoudre pour épargner leur belle pelouse, par d'épuisants chantiers souterrains d'endiguement et d'imperméabilisation. Le préfet a découvert le phénomène dans les années 1990. Lors des premiers travaux de terrassement du stade, en 1993, il a dû se résoudre à suspendre le chantier pour imposer une dépollution de dizaines de milliers de tonnes de terre. Cette décontamination ruineuse a montré ses limites quand des pluies ont fait remonter le niveau de la nappe.

Pourquoi déranger la quiétude de Cécile et Max? Pour elle, déménager n'est pas envisageable: elle travaille dans une société d'assurance installée aussi sur la zone. Pour l'anecdote, la direction de l'entreprise gère discrètement le problème car les taux de polluants qu'apportent les effluves de produits toxiques remontant de ses propres sols dépassent régulièrement les seuils autorisés. L'assureur a dû faire aménager des procédés de drainage des gaz et un système d'aération original pour rester sur le site.

II. Dès l'aube,
les groupes à notre chevet

Au réveil, les lobbies veillent

Tours de passe-passe aux premières lueurs

Max est absorbé par le regard de la jeune femme. Elle le fixe avec une intensité qui lui promet un bonheur inouï. Jamais des yeux ne l'ont désiré d'une manière si... Elle penche sa tête vers ses lèvres, il sent ses doigts fins se poser sur sa joue. Ce contact vaut déjà toutes les jouissances qu'il a connues... Mais une voix intérieure le prévient : « Attention, plus qu'une minute avant de te lever ! » Max se concentre. Tout son corps se tend vers cette femme inconnue et inaccessible... Hélas, une voix rude ruine ses espoirs : « Le prix du paquet de cigarette va encore augmenter. La décision de Bercy a mis le feu aux poudres du côté des buralistes... » Elle monte du radio-réveil. Max pourrait grogner, mais il reste absorbé un moment par le songe en lambeaux qui s'éloigne.

C'est souvent comme ça : le somnifère lui inflige un sommeil lourd, puis, peu avant de se réveiller, l'effet chimique diminue et lui permet de rêver quelques secondes. Le contenu essentiellement érotique des scènes est lié au rythme de sa vie et au médicament qui réduisent le temps qu'il passe au lit éveillé. Un syndrome banal.

Les charentaises se taisent

Max enfile ses chaussons étiquetés *Made in France*, un label qui ne le laisse pas indifférent. Il serait déçu d'apprendre qu'il ne garantit rien sur la provenance des matériaux. La formule *Made in France*, passablement trompeuse, ne signifie pas que le produit est fabriqué à l'intérieur de nos frontières mais seulement que la valeur ajoutée à l'article est à 45 % française. Des observateurs prétendent que les barons de la pantoufle ont obtenu ce label, qui verse dans l'abus de langage et le flou artistique, en promettant au politique qui décidait du dossier de faire entrer son fils à la direction d'une entreprise du secteur. Pantoufler dans le privé grâce aux pantoufles, c'est trop beau pour être vrai.

Du côté des artisans qui produisent purement français, certains estiment que le label *Made in France* est une tromperie scandaleuse. D'autres s'expriment de façon plus diplomatique, craignant de froisser les grands fabricants qui jouissent du label, mais leur amertume est palpable. À la direction de Charentaises & Pantoufles de France, une entreprise qui se fournit exclusivement en matériaux français et assemble tous les éléments dans l'Hexagone, Jean-Luc Charpignon accuse la grande distribution : «Elle a mis le couteau sous la gorge des producteurs français en les obligeant à baisser leurs prix, donc à trouver une main-d'œuvre bon marché à l'étranger[1].» Son entreprise a déjoué cette pression et continue à employer des matériaux nobles, notamment la laine mohair et des fibres naturelles. Elle fait travailler des artisans dans le Berry, la Charente, les Pyrénées et le Nord. Son label – Origine France garantie – lancé en 2011 par le ministère de l'Industrie et les chambres de commerce, se présente comme une alternative au précédent, plus exigeant sur l'origine française des produits et sur leur traçabilité.

En revanche, l'appellation «charentaise» n'a curieusement jamais été déposée. «Même les Asiatiques mettent sur le marché des charentaises! Ce sont de pâles imitations, mais c'est légal, on a laissé partir ce symbole national.» En effet, le lobby industriel de la pantoufle a opté pour se taire et laisser filer. La raison en est simple: les grands producteurs ont préféré délocaliser et conserver le droit d'appeler «charentaises» leurs articles fabriqués à l'autre bout du monde avec du textile douteux, détruisant des milliers d'emplois français. Résultat, on trouve des pseudo-charentaises à 2 euros dont la semelle se décolle après quelques heures d'usage ou, plus grave, composées de matériaux traités avec des substances qui, en Inde ou en Chine, sont peu contrôlées.

De nombreux labels se font désormais concurrence pour embrouiller le consommateur, alors qu'il suffirait que l'étiquette indique simplement le pourcentage des composants français. Ce dont

---

1. Entretien avec l'auteur, 18 février 2013.

les fabricants ne veulent surtout pas. D'ailleurs, de manière générale, il n'existe toujours pas la moindre obligation de préciser sur les étiquetages l'origine des produits mis en vente sur le territoire français, en dehors de certains aliments...

Un cuir vache

Max serait encore plus étonné s'il savait comment le cuir de ses chaussures a été tanné, comme celui de sa veste, de son portefeuille, du sac de Cécile, de ses gants, du cartable des enfants, des fauteuils du salon... Il serait d'abord rassuré : les sels de chrome utilisés pour assouplir ces cuirs ne sont pas réputés dangereux pour la santé, contrairement au chrome VI, le fameux chrome hexavalent qui, lui, est un puissant toxique. Mais hélas, il arrive souvent que les gentils sels de chromes mutent. Contrairement aux vampires, dont la mutation a lieu la nuit, c'est quand le cuir est exposé au soleil lors du séchage, que les sels inoffensifs se transforment en chrome VI. Le lobby de la maroquinerie et des chaussures en cuir n'aime pas aborder le sujet, et encore moins qu'on évoque les victimes. Tout juste desserre-t-il les dents pour reconnaître de « rares cas d'allergies », tout en refusant d'envisager une interdiction du chrome dans le traitement du cuir. Les traitements de substitution existent, mais ils sont un peu plus coûteux et leur effet moins rapide.

En y regardant de près, on s'aperçoit que les « cas d'allergie » en question sont très spectaculaires, comparables à des brûlures au troisième degré qui peuvent s'installer durablement. Et ces «eczémas de contact» ne sont pas si rares, surtout depuis que la production des cuirs traités est largement délocalisée dans des pays où l'on préfère le séchage au soleil, entièrement gratuit, aux procédés industriels budgétivores. Les dermatologues en diagnostiquent d'ailleurs fréquemment et conseillent immédiatement à ces patients de se débarrasser de l'objet en cuir. La contribution de ces cuirs maltraités à la multiplication de cancers ou d'autres maladies n'est pas pistée, bien que le chrome VI soit répertorié parmi les cancérogènes et que les toxicologues s'accordent pour y voir un toxique du foie et des reins, un mutagène, un facteur de troubles respiratoires et de baisse de la fertilité[2].

Ce silence apparaît insupportable alors que cette substance, que l'on retrouve dans l'eau et dans l'alimentation du fait de ses multiples usages (ciment, traitement des métaux et du bois, fabrication de pigments), est un enjeu majeur. Max a bien vu *Erin Brockovich, seule contre tous*, lors de sa sortie en 2000, qui dénonçait une substance cancérigène à l'origine d'empoisonnements collectifs en Californie, diffusée à travers l'eau de consommation. Mais il se souvient à peine qu'il s'agissait de chrome VI, dont l'industrie et le pouvoir politique ne voulaient pas reconnaître l'impact, et il n'imagine pas une seule seconde que le bracelet en cuir de la jolie montre qu'il replace sur son poignet en est, lui aussi, imprégné.

---

2. C. Bavoux *et al.*, *Fiche toxicologique trioxyde de chrome*, INRS, 2009.

Aux États-Unis, les tribunaux ont condamné à 333 millions de dollars les industriels responsables de l'intoxication collective au chrome VI. Le procès a été rendu possible grâce à un regroupement des plaintes des malades, la fameuse procédure en *class action*. Ce système des actions de groupe, adopté aussi par le Canada, l'Australie et plus de dix pays européens (Royaume-Uni, Italie, Portugal...), s'est toujours heurté à la frilosité des gouvernements français, hésitant à l'introduire dans notre système juridique, tout particulièrement dans les domaines de la santé et de l'environnement, la totalité des lobbies industriels et des grands assureurs étant coalisés contre. Le Medef, par exemple, affirmait en 2012 qu'une telle mesure ferait peser une menace économique sur les entreprises de 16 milliards d'euros par an[3]. Les associations de consommateurs et de victimes de produits toxiques ou de catastrophes industrielles l'ont en revanche toujours demandé. Les présidents Jacques Chirac et Nicolas Sarkozy, qui avaient promis de l'intégrer, ont finalement fait marche arrière. La Commission européenne elle-même s'est attelée en 2011 au projet de l'imposer à l'ensemble des pays de l'UE, sous une version *soft* instituant un dispositif de règlement à l'amiable, mais la paralysie semble l'avoir gagnée. François Hollande en a fait une promesse de campagne en 2012 et le ministre de la Consommation, Benoît Hamon, a rappelé au début

---

3. Thomas Vampouille, «Taubira veut autoriser les class actions en France», *Le Figaro*, 26 juin 2012.

de l'année 2013 que l'engagement tenait toujours. Les lobbies industriels ont multiplié leurs assauts pour l'effilocher et exclure la santé et l'environnement des domaines concernés, voire pour limiter les *class actions* au domaine de la concurrence.

De fait, jusqu'à présent, chaque victime française du chrome VI issu des cuirs de chaussures ou d'ameublement s'est retrouvée seule contre les géants économiques. Si l'une d'elles voulait agir en justice pour faire reconnaître ses droits, elle devait sortir de sa poche les milliers d'euros demandés par l'avocat, détail souvent dissuasif. Voilà qui n'a jamais incité les industriels à la prévention...

Poumons et vessie au rapport

Petit rituel : Max se racle la gorge en passant par les toilettes. C'est devenu une habitude. Une sécrétion collante l'encombre désormais tous les matins, ce qui l'inquiète. Erreur. Il devrait plutôt s'en féliciter, voire s'en extasier : elle montre que ses poumons fonctionnent bien. En effet, les petits cils vibratiles qui les tapissent, pas encore détruits par le tabac, travaillent comme de braves ouvriers toute la nuit pendant qu'il dort, roulant goudrons et poussières dans du mucus pour les emprisonner et les faire remonter au bord de la trachée. À ne pas avaler poliment donc, mais à cracher sans hésitation.

Si Max faisait analyser ce mucus et ses mictions, il les trouverait instructifs. Il comprendrait que notre corps est au croisement des innombrables influences des lobbies et qu'il nous renseigne sur leur intrusion. Au-delà des goudrons, il détecterait de nombreuses fibres d'amiante, un héritage séculaire encore remué par l'air des villes, des fibres de céramique et de laine de roche qui ont remplacé les isolations à l'amiante malgré leur cancérogénicité, des particules de diesel, de plomb, de plastique, d'aluminium, des traces de mercure, d'arsenic, de chrome VI, des pesticides (on en utilise aussi en ville contre les herbes, les moisissures et les insectes) et mille autres réjouissances. Il prendrait conscience que son corps est devenu un *shaker* agitant un cocktail résultant d'innombrables autorisations et dérogations accordées aux lobbyistes industriels, malgré les dizaines de milliers de décès imputés chaque année dans les villes françaises à la pollution de l'air.

S'il faisait examiner le contenu des poumons de ses enfants et leur urine, il serait encore plus surpris : non seulement il y retrouverait les mêmes substances, dont les goudrons issus de ses propres cigarettes, mais aussi des taux supérieurs de pesticides provenant des légumes et des fruits qu'ils mangent car, proportionnellement à leur taille, une simple pomme leur apporte 4 à 5 fois plus de toxiques. En se montrant encore plus curieux, il ferait analyser ses cheveux pour y découvrir du mercure, apporté par ses plombages. Plus instructif : les cheveux de son bébé révéleraient un taux de mercure encore plus édifiant, un reliquat des plombages de sa mère, passé dans le lait maternel et, auparavant, dans le placenta et le cordon ombilical[4]. Comme la plupart des parents, Cécile et Max n'ont pas lu les études scientifiques qui établissent que les embryons et les nourrissons reçoivent et stockent dans leur organisme une quantité de mercure proportionnelle à la quantité de plombages de leur génitrice[5]. Nous verrons la manière dont le lobby des dentistes a toujours fait croire, malgré les démonstrations toxicologiques et épidémiologiques, que les 50 % de mercure que contient un plombage y restaient confinés (voir p. 210-213).

Pervers communiqué de presse

À la radio, Pascal Montredon, le président de la Confédération des buralistes, plaint ses clients et multiplie les rodomontades: «On nous accuse à nouveau d'être des empoisonneurs et on criminalise des millions de fumeurs. Cette augmentation est méprisante pour les Français qui fument et elle fragilise les buralistes au moment où une partie d'entre eux hésite à mettre la clé sous la porte. Le gouvernement manquerait-il d'intelligence au point d'oublier que les fumeurs sont aussi des électeurs?» France Inter, Europe 1 et d'autres stations reprennent la déclaration du représentant des buralistes. Parallèlement, les

---

4. Agneta Oskarsson et al., «Total and inorganic mercury in breast milk in relation to fish consumption and amalgam in lactating women», Archives of Environmental Health, vol. 51, n° 3, mai-juin 1996, p. 234-241.
5. Gustav Drasch et al., «Mercury burden of human fetal and infant tissues», European Journal Pediatrics, vol. 153, n° 8, mars 1994, p. 607-610.

chaînes de télévision et la presse écrite relatent leur
« colère ». En fait, contrairement à ce que l'on pourrait
croire, les médias se font largement l'écho des buralistes, et ce à longueur d'année. Cette corporation est
l'une des mieux relayées auprès de l'opinion, avec les
enseignants et les professionnels de santé, comme si
leur activité – vendre du tabac et des jeux d'argent –
coïncidait aussi avec l'intérêt général. Le lobby du
tabac, qui faisait autrefois tomber une pluie d'or
sur les médias à travers les publicités, fait désormais
pleuvoir des communiqués de presse qui sont abondamment repris...

Peu de journalistes savent que le communiqué de
presse est une invention du lobbyiste Ivy Lee datant
des années 1920, qui préconisait de « mâcher le travail
des journalistes » et de les noyer sous ces communications répétées pour leur donner le sentiment qu'ils
étaient informés et « les dissuader d'enquêter ». Autre
vertu du procédé : en propageant le même son de
cloche dans tout le pays, les communiqués de presse
évitent les fausses notes. Le succès de cette technique a
été tel que tous les lobbyistes du monde l'ont adoptée,
à commencer par les cigarettiers, et qu'elle s'est banalisée aussi bien dans le marketing de base que pour les
opérations d'influence sur les politiques. Désormais,
les grandes chaînes de radio et de télé reprennent quotidiennement les communiqués et les conférences de
presse, au risque de réduire l'information à une brode-
rie sur motif imposé. Ivy Lee n'avait pas imaginé une
telle institutionnalisation. Il s'en réjouirait sans doute.
Pourtant, son effet est monstrueux : aujourd'hui,

l'opinion se focalise ainsi d'heure en heure sur le même agenda événementiel et les mêmes déclarations.

Max n'échappe pas aux déclarations du lobby des buralistes, comme des millions de Français qui se préparent à partir au travail, comme ses deux voisins de palier, Étienne et Sophie, fichés devant le téléviseur. Ces derniers sont sensibles à une phrase : « Un buraliste qui ferme, faute de revenus suffisants, c'est un village ou un quartier qui perd un espace d'échange. » Un peu d'investigation permettrait aux journalistes aussi de signaler que la Confédération des buralistes est en grande partie soutenue par un autre lobby : celui des producteurs de cigarettes, qui tire les ficelles de cette « colère ». L'opération sera complétée par un « sondage auprès des Français » commandé par la confédération qui communiquera sur le thème : « Les Français sont en majorité favorables aux buralistes. »

Max ne prend même pas la peine de calculer la perte que représentera dans son budget la hausse annoncée. Sa réaction est automatique : comme beaucoup d'autres fumeurs, il achètera quelques cartouches d'avance avant que le nouveau prix soit appliqué. Max est l'un des 15 à 20 millions de fumeurs que compte la France. Il n'a pas décidé d'arrêter, malgré les hausses de prix successives. Il a bien failli livrer ce combat, la dernière fois que le gouvernement a imposé une augmentation de 10 % d'un coup, mais n'en a finalement pas eu le courage. Du haut de ses 36 ans, il s'autorise à fumer encore quelques années avant de décrocher. Bonne chance dans la gueule du loup, Max !

Buralistes, un lobby prospère

Une propagande qui fait un tabac

Les buralistes forment l'un des lobbies les plus actifs. Les élus le redoutent : rien qu'avec le tabac, leur corporation draine vers l'État près de 14 milliards d'euros de recette fiscale par an. Sans compter les gains qu'elle rapporte au Trésor public en assurant la vente des timbres-amendes, des cartes à gratter de la Française des jeux, des paris du PMU... Plus de 40 milliards d'euros qui tombent chaque année dans les caisses publiques. Leur confédération représente pas moins de 100 000 emplois dans toute la France.

Résultat, le gouvernement doit toujours passer des compromis avec cet acteur de poids, aussi bien rôdé au lobbying qu'au marketing. Les buralistes ont ainsi obtenu du gouvernement, depuis 2004, une aide annuelle de 300 millions d'euros pour «compenser la baisse des ventes liée aux hausses de prix du tabac». Or, la Cour des comptes a publié le 12 février 2013 un rapport qui montre que leur baisse de revenus est un mythe et que ces «aides injustifiées» ont créé une «rente de situation». En effet, en dehors des zones frontalières où les choses sont plus contrastées du fait des achats effectués chez le voisin européen, la progression du revenu des buralistes est confortable. La Cour note que la rémunération moyenne des débitants a progressé de 54% entre 2002 et 2011, passant de 29 070 euros à 44 725 euros, auxquels s'ajoutent les aides de l'État qui ont fait passer cette hausse à 67%. Contrairement à la description apocalyptique qu'en fait leur lobby, ils traversent un véritable «effet d'aubaine économique», soulignent les magistrats financiers. L'exemple d'un débitant qui a perçu une aide de 640 000 euros en 2011 et près de 4 millions d'euros entre 2005 et 2011, alors qu'il réalisait un chiffre d'affaires de 25 millions d'euros, est éloquent.

Mieux: le rapport révèle que l'augmentation progressive des tarifs des cigarettes a non seulement profité aux buralistes, rémunérés sur la base d'un pourcentage en augmentation, mais aussi aux industriels du tabac. Ce qui, officiellement, n'était pas du tout le but recherché puisque ces hausses étaient supposées s'intégrer à une politique de santé publique (or, toutes les enquêtes rappellent que les augmentations du prix du tabac ne font baisser la consommation que lorsqu'elles se font au minimum par tranches de 10%). La Cour s'étonne que le changement de gouvernement en 2012 n'ait pas sérieusement redéfini la situation et elle «appelle à une remise en cause rapide et complète des interventions de l'État».

Les cigarettiers en coulisse

Les cigarettiers qui tirent les ficelles se réjouissent de la force du lobby buraliste. Eux non plus ne manquent pas de culot vis-à-vis des autorités. Ils rémunèrent (discrètement s'entend) des assistants parlementaires pour qu'ils infléchissent les textes législatifs qu'ils préparent pour leur député ou leur sénateur. Des lobbyistes les briefent pour qu'ils intensifient les batailles d'amendement quand une loi leur est défavorable.

Comment les font-ils entrer dans ce petit jeu qui n'est ni plus ni moins que de la corruption ? Des agences de lobbying les contactent tout simplement pour leur proposer de travailler pour elles parallèlement à leur fonction d'assistant. D'autres agences les convient à des échanges dînatoires au Sénat, à l'Assemblée nationale ou dans des restaurants proches, comme *Chez Françoise* ou *Tante Marguerite*. S'ils sont séduits par les lobbyistes qui les approchent lors de ces rencontres, ils prennent des rendez-vous qui les mettront en présence, plus discrètement encore, avec les représentants des cigarettiers. Le même type d'approche peut aussi les rabattre vers d'autres groupes d'entreprises.

Quant aux parlementaires eux-mêmes, une centaine d'entre eux se croisent au sein du Club des amateurs de havanes, fondé en 1991 par André Santini (Nouveau Centre), lequel s'en proclame président à vie. On retrouve régulièrement ces « amateurs » chez *Françoise*. On a pu y voir Christian Estrosi, Éric

Woerth, Nicolas Sarkozy, Patrick Balkany, Frédéric Lefebvre, Thierry Mariani, Édouard Balladur, Jean-Louis Debré, Alain Juppé, Michel Charasse, et bien d'autres.

Pourquoi avoir créé ce « club » ? Simplement pour recevoir gracieusement des cigares des lobbyistes du tabac ? Non. Il sert, d'une part, à s'entendre avec ces derniers pour contrecarrer les projets législatifs menaçant les intérêts des cigarettiers et, d'autre part, à préparer les tentatives d'assouplissement des textes en vigueur, tels que l'interdiction de fumer dans les lieux publics ou la loi Évin, qui a mis fin à la publicité pour le tabac. En échange, c'est le lieu de prises de contact pour les politiques qui veulent élargir leur horizon professionnel, trouver des soutiens pour leur campagne électorale ou rebondir, au sein de cette industrie, à un poste lucratif.

Yves Trévilly, par exemple, a franchi le pas. Il a lâché le poste de directeur de cabinet du ministre Renaud Dutreil (sous la présidence de Nicolas Sarkozy) pour prendre la direction du lobbying de British American Tobacco (BAT), le deuxième groupe mondial du secteur, regroupant des marques telles que Lucky Strike, Dunhill, Pall Mall, Kent ou Vogue. Quand on lui demande pourquoi BAT l'a choisi lui plutôt qu'un autre et comment il vit le fait de défendre une industrie qui est à l'origine de 73 000 morts en France chaque année, il répond : « Ils m'ont choisi parce que j'étais réellement le meilleur pour faire ce job. Et je me fous pas mal de ce qu'on pense de moi depuis que ma mère est morte. De toute façon, tant que le tabac reste autorisé, ce n'est pas un crime de le défendre[6].» Le lobbyiste n'entend pas amener la réflexion éthique plus haut.

À l'Assemblée nationale, un groupe d'étude sur le tabac était censé travailler sur le sujet durant la législature 2007-2012. Il n'a jamais rien publié. À quoi sert-il donc? Ses membres sont incapables de répondre à cette question pourtant simple, ou refusent de s'expliquer. Chacun renvoie la balle vers un autre, puis finalement vers le président du groupe. Quand je le contacte, celui qui semble régner en maître sur ces gens, le député Thierry Lazaro (UMP), accepte de répondre à ma question: les cigarettiers font-ils partie du premier cercle des donateurs de l'UMP (qui est alors au gouvernement)? Réponse circonstanciée: «Je ne sais pas, ça m'étonnerait, je ne suis pas au courant[7].» Si demain la liste des 544 «grands donateurs» vient à être connue dans son intégralité, ce qui est très probable, on ne pourra pas dire qu'il a menti.

Quelques mois après notre conversation, en octobre 2012, le même Thierry Lazaro montait justement au créneau pour défendre la cause des cigarettiers dans les médias. L'élu annonçait qu'il allait demander à l'Assemblée nationale d'imposer aux producteurs d'œufs de les vendre dans des paquets neutres, par dérision, à un moment où les cigarettiers affrontent le projet d'imposer des paquets neutres au tabac.

---

6. Entretien avec l'auteur, juin 2012.
7. Entretien avec l'auteur, mai 2012.

Non content de pénétrer l'Assemblée nationale, le lobby du tabac vise aussi les milieux de la recherche. On ne compte plus le nombre de chercheurs, en France et dans le monde, qui ont été rémunérés par les structures de lobbying des cigarettiers. La philanthropie n'est pour rien dans ces financements, pas plus que le goût pour la science. Des laboratoires entiers ont été soudoyés pour fausser leurs résultats ou pour ouvrir des pistes de recherche pouvant entretenir des doutes sur la nocivité des composants du tabac, comme le révèlent les documents que les cigarettiers américains ont été obligés de rendre publics à l'issue des grands procès qu'ils ont affrontés aux États-Unis[8].

Leur soutien prend parfois un tour si énorme qu'on rougit à la place de ceux qui en profitent. Aujourd'hui, c'est au tour d'un immense centre de recherche de s'y prêter, l'Institut du cerveau et de la moelle épinière (ICM). On trouve, parmi ses dirigeants et fondateurs, des personnalités entretenant des liens forts avec les cigarettiers, lesquels n'ont pas intérêt à ce que l'ICM mette en cause l'impact du tabac sur le système nerveux. Louis Camilleri, président de Philip Morris International (Altria), est membre fondateur et bienfaiteur de l'ICM – Philip Morris International figure par ailleurs directement parmi les entreprises bienfaitrices. Jean Glavany, quant à lui, est délégué général de l'ICM tout en animant le comité stratégique du groupe Bolloré, qui a dominé la quasi-totalité du marché du tabac français et africain jusqu'au milieu des années

---

8. Consultables sur le site http://legacy.library.ucsf.edu/.

2000 et profité d'opérations de revente juteuses sur ce marché, soutenues par Nicolas Sarkozy. Michael Schumacher, le pilote de F1 et ancien support publicitaire de Marlboro, fait partie des membres fondateurs et bienfaiteurs. Jean Todt, président de la Fédération internationale de l'automobile, compte parmi les personnalités les plus influentes de l'ICM, au titre de vice-président. Il a longtemps été l'un des relais en France et en Europe pour les opérations de lobbying des cigarettiers contre le durcissement de la législation sur le tabac. Au titre de membres fondateurs et/ou bienfaiteurs de l'ICM, on compte également Max Mosley, ex-président de la Fédération internationale de l'automobile, mais aussi des directeurs d'agence de communication et de lobbying, tels que Maurice Lévy, président du directoire de Publicis groupe, des représentants de lobbies traditionnellement coalisés avec les cigarettiers, tels que les alcooliers et l'hôtellerie...

Au sein du conseil scientifique stratégique de l'ICM, un grand nom de la neurobiologie : Jean-Pierre Changeux. Outre ses liens d'intérêt avec le lobby du tabac (subventions pour ses travaux antérieurs), le scientifique est devenu l'un des conseillers importants de Targacept, une société créée par le cigarettier R. J. Reynolds en 1997 pour prendre des parts de marché dans les traitements des maladies d'Alzheimer et de Parkinson, toutes deux en pleine explosion. À ses côtés, on trouve des chercheurs financés par les cigarettiers, comme Marie Filbin et Ann Graybiel.

Fait troublant : pour soutenir sa première grande campagne promotionnelle auprès des médias, l'ICM a mis en avant des études « établissant que la nicotine protège contre la maladie de Parkinson », ce qui semble vrai mais fait oublier les centaines d'autres composants du tabac qui, eux, sont des neurotoxiques. Plus embarrassant encore, le prestigieux institut oublie malencontreusement de rappeler que le tabac est l'un des facteurs les mieux identifiés dans le déclenchement de la maladie d'Alzheimer...

L'eau du robinet

Son prix, sa composition et l'arrosage national des élus

Sous la douche, Cécile renaît. L'eau qui coule sur sa peau emporte les nuées grises qui l'enserraient depuis le réveil. En quelques secondes, elle se sent transformée, réconciliée avec le monde. Elle chantonne sans en avoir conscience.

Ce moment délicieux l'arrache aux innombrables pressions du quotidien. Elle a raison de le croire car le prodige purificateur a bien lieu, même s'il cache les pressions très impures de titans économiques dont les tentacules s'étendent dans les profondeurs de notre société et enserrent les décideurs politiques. Des entreprises qui, à partir de l'immense marché de l'eau, se développent au point de s'imposer sur tous les secteurs essentiels que l'État et les collectivités délèguent au privé: le chauffage urbain, les ordures, les transports, la construction, etc.

Cécile tend son visage sous la cascade de diamants, loin d'imaginer la manière dont on fixe le prix de cette eau qui paraît si claire. Loin, aussi, de penser que la formule chimique H_2O n'a plus grand-chose à voir avec la composition réelle du merveilleux liquide, à l'heure des pollutions et des traitements chimiques. L'eau comporte aujourd'hui des centaines de substances qui ne devraient pas s'y trouver : aluminium, antibiotiques, antidépresseurs, somnifères (tiens, les revoilà !), pesticides, mercure, plomb, cadmium, dérivés pétroliers... Autant de substances dont des armées de lobbyistes tentent de retarder l'interdiction et les restrictions d'usage. Leur liste est trop longue pour être citée entièrement. Si l'on devait écrire la formule complète de l'eau qui coule de nos robinets, un tableau d'école n'y suffirait pas : elle contient communément plus de 3 000 substances différentes. Folle farandole que les toxicologues redoutent car leurs interactions renforcent souvent la nocivité de chaque substance, multipliant communément leur toxicité respective. Certaines synergies les rendent jusqu'à mille fois plus délétères (voir p. 23 et 104).

La contamination qui résulte d'une douche, contrairement à ce qu'on croit, est globalement supérieure à celle qu'apporte l'eau bue. « Près de la moitié de la contamination par les polluants de l'eau chez les enfants *passe par la peau* » souligne Debra Lynn Dadd, auteure d'*Alerte aux produits toxiques*, qui initie ses lecteurs aux arcanes de la toxicologie[9]. Les moins jeunes ne sont pas mieux lotis : « Chez les adultes, cette proportion va de 50 à 70 %, précise-t-elle. En fait, on estime que presque tous les contaminants

---

9. Debra Lynn Dadd, *Alerte aux produits toxiques*, Arles, Actes Sud, 2012, p. 92.

chimiques peuvent traverser la peau et atteindre la circulation sanguine. »

S'y ajoute l'inhalation des vapeurs et de l'effet aérosol, les poumons n'étant qu'une piètre barrière contre les molécules (ils arrêtent surtout les grosses poussières). L'EPA américaine estime que les gaz émis par le chlore de l'eau chaude de la douche ou des bains, en particulier quand ils entrent en synergie au contact des matières organiques telles que la sueur, les peaux mortes, les cosmétiques ou l'urine, comptent pour l'un des contaminants de l'air intérieur des appartements à prendre au sérieux, compte tenu de leur toxicité, notamment sur le système nerveux et les poumons.

Les toxicologues s'intéressent à cet apport car c'est une dose dont l'organisme se passerait bien, compte tenu du chlore que l'on avale déjà quotidiennement en buvant l'eau du robinet, qui vient directement agresser les muqueuses digestives, en cuisinant avec cette même eau chlorée, en respirant les effluves des produits de nettoyage javellisés... Au bout du compte, cela fait beaucoup, chaque nouvel apport risquant d'être la goutte qui fait déborder le vase ou, si l'on préfère, les organes chargés d'éliminer les toxiques (le foie et les reins). Raison pour laquelle les normes à fixer pour protéger la population devraient tenir compte de l'addition générale et pas seulement de chaque exposition prise séparément.

Évidemment, ne comptez pas sur l'industrie du chlore pour contribuer à faire cet inventaire. En témoignent ses contorsions pour mettre sur le dos des baigneurs sales le problème des quantités de gaz de chlore inhalées dans les piscines, ces chloramines qui leur donnent un parfum si reconnaissable (nous reviendrons sur ce lobbying dans la cinquième partie).

De fait, comme Madame et Monsieur Tout-le-Monde, Cécile et Max utilisent l'eau du robinet pour le café et le thé, qu'ils consomment tout au long de la journée, les infusions de tisane, la soupe du soir, la cuisson des pâtes, etc. Les enfants sont au même régime, sans parler de leurs sodas qui sont, le plus souvent, préparés avec la même eau, beaucoup moins chère pour les producteurs que les eaux de source et les eaux minérales.

Les lobbies qui auraient à pâtir commercialement d'une mise en cause de l'eau du robinet sont innombrables. Les poids lourds de la pâtisserie industrielle, des produits laitiers transformés et des crèmes glacées (Lu, Nestlé, Danone et consorts) sont en première ligne. Ils se serrent les coudes avec les producteurs de boissons, y compris ceux d'alcools, et tous les producteurs de conserves. Plus globalement, l'agroalimentaire, l'agriculture et la chimie apportent aux lobbies de l'eau un soutien discret, à travers un système de coalitions très efficace[10]. Les pressions qu'ils exercent en trustant leurs positions au sein des institutions parviennent même à limiter la diffusion des données.

En février 2013, un rapport de la Cour des comptes a permis de découvrir que le lobby de l'eau va jusqu'à

---

10. ANIA, ERT, CEFIC, ESA, EuropaBio, UNICE, WBCSD, etc. (voir glossaire en annexe).

couvrir d'une chape de plomb les informations sensibles qui concernent les eaux des nappes phréatiques, des rivières et des lacs. Le rapport épingle l'Onema (Office national de l'eau et des milieux aquatiques), l'organisme officiellement chargé de synthétiser ces informations, de la source au robinet, et de les rendre publiques[11]. Il pointe l'opacité des données et d'innombrables dérives relevant du pénal : trafic d'influence, conflits d'intérêt, falsification de données, enrichissements personnels, financements douteux d'associations de professionnels de l'eau, non-transmission au Parlement d'informations pourtant obligatoires, etc. Le manque d'indépendance de l'Onema par rapport aux industriels et au gouvernement atteint un tel niveau que les données remises par la France à Bruxelles pour vérifier si la qualité des eaux est conforme aux directives ont perdu toute fiabilité.

Pour atténuer sa responsabilité, le ministère de l'Écologie s'est empressé de remplacer les dirigeants de l'organisme, mais des langues se sont déliées. Anne Spiteri, ingénieure des Eaux et Forêts, connaît la manière dont les lobbies interviennent sur le dossier de l'eau. Chargée de mission « Eau et milieux aquatiques » à l'IFEN (Institut français de l'environnement), l'organisme autrefois responsable de ce dossier, elle a suivi leur intrusion au point de constater que les prélèvements et les analyses étaient biaisés pour minimiser les conclusions alarmantes : « Une mesure fiable, c'est une mesure répétée plusieurs fois, au même endroit,

---

11. Cour des comptes, *Rapport sur l'Onema*, 12 février 2013.

sur les mêmes polluants. Et puis il s'agit de chercher la molécule de départ, mais aussi ses produits de dégradation, et ce qu'il advient quand les molécules se rencontrent... Et ça n'est pas du tout fait[12]. » Elle rappelle que les industriels font littéralement ce qu'ils veulent : « L'eau est indispensable dans une multitude de domaines de la vie courante. Des lobbies extrêmement puissants sont donc à l'œuvre. Le ministère de l'Écologie est une façade, où les grands corps d'État liés aux lobbies industriels tirent les ficelles. Or, si on évalue correctement la contamination chimique, on va déranger ces lobbies, notamment ceux de la chimie et de l'agriculture. Il faut tout de même avoir à l'esprit que les industriels ont le droit, par un simple tuyau, de rejeter leurs produits dans les cours d'eau. Ils doivent respecter des normes, certes, mais elles sont trop laxistes ! Et aujourd'hui, tous les milieux aquatiques sont archicontaminés. Bien mesurer la pollution, c'est découvrir des choses qui pourraient gêner tout le monde, et qui pourraient amener à demander des comptes à l'État. Du coup, on préfère faire pression sur les agents et taire la réalité[13]. »

Dans une lettre ouverte aux autorités, Jean-Luc Touly, membre du Comité national de l'eau et conseiller régional d'Île-de-France, rappelle lui aussi que « l'ensemble du système français de production des données publiques sur la qualité de l'eau

---

12. Anne Spiteri, interviewée par Marine Jobert dans « Eau : comment la France masque la réalité de la pollution », *Journal de l'environnement*, 4 février 2013.
13. *Ibid.*

est totalement inopérant». Avec l'association Acme-France qu'il préside et la fondation Danielle Mitterrand-France liberté, nous avons lancé, en 2012, une vaste contre-expertise de l'eau avec des délégués citoyens dans tout l'Hexagone pour que la population puisse avoir une idée plus objective de sa qualité et des problèmes rencontrés dans chaque région[14].

Le prix très opaque de l'eau transparente

Sur le versant économique, le poids des lobbies de l'eau vaut aussi son pesant d'or. En fait, le robinet recèle quelques-uns des plus gros secrets de la vie politique française.

La topographie est déjà éloquente: cette ressource essentielle à la vie est aujourd'hui détenue en France à 85% par des mastodontes privés: Suez, Veolia et Saur. Ce qui fait de l'Hexagone un cas à part sur notre planète. Même les États-Unis, qu'on peut difficilement qualifier de dictature communiste, ont su garder la tête sur les épaules en conservant 90% de leur eau en régie publique. À ce titre, la tendance à déléguer la gestion de l'eau à des entreprises privées est mondialement connue sous l'expression: «l'école française de l'eau». Nos lobbies de l'eau, qui rêvent d'étendre ce modèle sur tous les continents, en tirent un pouvoir économique et politique sans équivalent. Nous

14. Note de l'éditeur: Roger Lenglet est l'un de ces délégués, responsable pour le Cher.

sommes leur clientèle captive, de nombreux contrats ayant été signés avec les élus pour des décennies.

L'argent de l'eau est devenu, entre leurs mains, une manne que les spécialistes considèrent comme une source d'influence politique et de corruption supérieure à celle du pétrole ou du nucléaire. Le grand public ne l'imagine pas une seconde car l'inconscient collectif situe l'eau aux antipodes de ces produits sulfureux. L'innocence de l'élément naturel confère une aura d'angélisme à l'entreprise qui apporte l'élément vital.

Quand Cécile et Max regardent leur facture d'eau et sa progression au fil des ans, ils se demandent parfois si le budget qu'ils lui consacrent ne va pas finir par rivaliser avec celui de l'essence ou de l'électricité. Le prix du litre d'eau fixé par les sociétés privées, qui va du simple au quadruple selon les villes, résulte de calculs d'une totale opacité, autorisant les tarifs les plus extravagants. D'une année à l'autre, certaines communes voient ce prix multiplié par trois ou quatre. Et quand des associations d'usagers demandent à l'opérateur de s'expliquer sur ses variations, ce dernier évoque des «nécessités de répartition globale», des «surcoûts liés à des travaux locaux», et brandit des calculs que personne ne peut suivre, même nos représentants nationaux.

Dès lors, comment ont-ils pu obtenir leur délégation ? Le prix d'appel que propose l'entreprise pour obtenir le contrat initial avec la collectivité a toujours été un leurre rapidement révisé. La naïveté des élus mérite cependant d'être examinée de près, surtout quand ils s'entêtent à prolonger ces contrats : ils savent tous, aujourd'hui, que le retour en régie publique, comme on le voit à Paris ou dans des communes très modestes, oriente systématiquement les prix à la baisse et améliore le service [15].

Longtemps, les rares députés qui osaient s'interroger publiquement sur les pratiques des multinationales de l'eau rentraient aussitôt dans le rang. Leur groupe politique les rappelait vivement à l'ordre. La raison est édifiante : aucune formation de quelque importance n'a réussi, jusqu'à présent, à se passer du soutien de ces multinationales. Les élus entre deux mandats en profitent souvent. Certains n'attendent d'ailleurs pas la perte de leur siège pour s'y abreuver. C'est le cas d'Éric Besson. Alors qu'il recevait ses rémunérations de député-maire de la Drôme, de 1997 à 2007, l'ancien socialiste s'est payé le luxe d'être aussi rémunéré en tant que « délégué général de la fondation Vivendi », et ce pendant une bonne partie de ses mandats. Cette situation de conflit d'intérêts créée par la direction de l'entreprise sous Jean-Marie Messier n'a pu que faciliter le revirement du secrétaire national à l'économie au PS quand il a suivi Henri Proglio, le successeur de J2M, pour rejoindre avec lui Nicolas Sarkozy en pleine campagne présidentielle. Interrogé à ce sujet, son cabinet a brandi une réponse aussi désarmante qu'instructive : « Il y a beaucoup d'autres députés qui font la même chose [16]. »

---

15. Entretien de l'auteur avec des élus et les responsables de l'Association pour un contrat mondial de l'eau (Acme-France), janvier 2013.
16. Entretien avec l'auteur *in* Roger Lenglet, *Profession corrupteur*, Paris, J.-C. Gawsewitch, 2007.

Quelques heures après la défaite de Nicolas Sarkozy, l'ancien ministre a fait un pas de plus. Le 7 mai 2012, il a fondé sa propre agence de lobbying : Éric Besson consulting. L'affranchi confesse qu'il assure à présent des missions d'influence pour des multinationales, mais refuse de dévoiler leur nom. Ce n'est pas la première fois qu'un ex-ministre devient lobbyiste. Le cas est même, hélas, assez fréquent. Il n'est pas rare qu'ils fondent leur propre agence, à l'instar de Bernard Kouchner ou de Jérôme Cahuzac, mais beaucoup rejoignent les services d'influence de grands groupes. Ce versant de l'activité des lobbies auprès des décideurs politiques et des hauts fonctionnaires, qui porte le doux nom de « pantouflage » et n'est souvent qu'un renvoi d'ascenseur pour service rendu sous les ors de la République, est facilité depuis que Nicolas Sarkozy a fait voter, dès son arrivée au pouvoir en 2007, une loi réduisant de cinq à trois ans la période d'interdiction de passer d'un poste public à une entreprise privée qui aurait pu profiter des faveurs de l'intéressé. Cette réforme, qui assouplit une loi qui était déjà très laxiste, puisqu'elle ne concernait pas le personnel gouvernemental et autorisait même les ministres à délivrer des dérogations à la pelle pour les hauts fonctionnaires, va à l'encontre de la tendance internationale [17].

Appelons un chat un chat. Devant les multinationales de l'eau, notamment devant Suez et la vieille

---

17. Au Canada, par exemple, l'interdiction a été portée à cinq ans depuis 2005, alors qu'elle était auparavant de trois ans. Ce renforcement a fait suite à une série de scandales révélant des pratiques de corruption au plus haut niveau de l'administration par des groupes privés.

Compagnie générale des eaux (devenue successivement Vivendi puis Veolia), les élus de la nation ont presque tous le petit doigt collé sur la couture. Même la découverte en 2003 de 4,5 milliards d'euros curieusement transférés par la direction de Vivendi sur des comptes irlandais, alors qu'il s'agissait de l'argent provisionné par les communes françaises pour le renouvellement des canalisations d'eau, n'a pas fait bouger les rangs. Seuls des murmures se sont élevés, malgré l'inquiétude palpable. L'énormité de la somme ne peut pourtant avoir échappé aux députés, et il leur en faut bien moins, d'habitude, pour tonitruer dans l'hémicycle...

Quand, avec Jean-Luc Touly, j'avais révélé les détails de cette opération à l'Assemblée nationale[18], une poignée de députés (verts et communistes) avaient osé défier le silence de leurs pairs pour demander l'ouverture d'une enquête parlementaire à ce sujet, mais ces derniers s'étaient empressés de s'y opposer. Il faut savoir que son patron, Henri Proglio, est assez puissant pour que les personnalités politiques fassent la queue pour déjeuner avec lui en tête-à-tête, en s'inscrivant longtemps à l'avance. C'est lui que Jacques Chirac prenait sous son aile quand il visitait des pays étrangers pour leur faire signer des contrats avec les multinationales françaises, c'est encore lui qu'adouba le président de la République Nicolas Sarkozy, pour lui confier la direction d'EDF tout en lui conservant

---

18. Quelques médias ont alors fait écho à cette affaire par des brèves. Voir Roger Lenglet et Jean-Luc Touly, *L'Eau de Vivendi*, Paris, éditions Alias/Patrick Lefrançois, 2003.

celle de Veolia et en l'autorisant à cumuler les deux sources de revenus avant de se réviser devant le tollé général. Ce personnage, qui s'est toujours soigneusement tenu à l'écart des projecteurs, a réussi ce tour de force : faire accepter, lors de son audition au Syndicat des eaux d'Île-de-France, que les députés oublient les 4,5 milliards transférés vers le petit paradis fiscal et se contentent de la promesse qu'il trouverait l'argent pour assurer le remplacement des canalisations de la nation. Les élus y ont gentiment consenti, alors que reconstituer ces fonds supposait, à l'évidence, de faire payer les usagers une deuxième fois à travers des hausses du prix de l'eau [19].

Le 6 mai 2007, Henri Proglio, invité du *Fouquet's* au soir de l'accession de Nicolas Sarkozy au fauteuil élyséen, venait accompagné de Rachida Dati. Peu après, celle-ci devenait ministre de la Justice. Peu d'observateurs se sont souvenus de ce détail quand on a voulu s'expliquer la propulsion fulgurante de la dame. Les relations publiques (autre nom du lobbying), pour cet homme qui avait déjà acquis une influence considérable bien avant de s'imposer à la tête de Vivendi, sont un jeu qu'il a toujours pratiqué avec une efficacité que lui envient les plus grands patrons.

---

19. Roger Lenglet et Jean-Luc Touly, *L'Eau des multinationales. Les vérités inavouables*, Paris, Fayard, 2005, p. 51-89.

Les mystères du savon

Des bulles pas très claires

Cécile se savonne. Dans l'immense gamme que lui propose son supermarché, elle a choisi trois savons : un pour la toilette intime et deux pour le corps ; le premier au lait d'avoine et l'autre au karité. Selon l'humeur du moment et l'état apparent de sa peau, elle prend l'un ou l'autre. Elle n'a jamais songé à lire la liste complète des ingrédients sur l'emballage.

C'est dommage car la législation européenne impose aux fabricants de les faire figurer sur l'étiquette (hormis les éventuels nanomatériaux). Si elle vivait aux États-Unis, par exemple, elle n'aurait pas cette possibilité car, au-delà du parfum et de la substance d'appel (celle que le marketing met en valeur), les détails de la composition ne sont pas obligatoires. La Food and Drug Administration (FDA), l'autorité en la matière, s'est en effet laissée convaincre par les lobbyistes industriels que le savon n'est pas un cosmétique et n'a donc pas à se plier à la règle. Il s'agit d'un vieux tour de passe-passe juridique consistant à affirmer que le produit n'appartient pas à la catégorie dans laquelle on croit communément qu'il entre. Une guerre de définition a eu lieu, moyennant l'intervention de petits mercenaires intellectuels que les industriels paient à la mission, maniant les armes de la rhétorique et du droit avec assez de rouerie pour que les autorités tranchent en leur faveur.

L'enjeu réel? Éviter à tout prix que le public prête attention à des composants qui, un jour ou l'autre, pourraient être mis sur la sellette pour les dommages qu'ils peuvent infliger à la peau. Certes, des tests existent pour évaluer, par exemple, l'impact de l'hydroxyde de sodium, qu'on retrouve dans la plupart des savons et destiné à « lessiver » la peau, tout comme la glycérine, les graisses qui servent de médium ou de liants, les colorants, les conservateurs, les acides distillés et, c'est à la mode, des substances déodorantes comme le cloflucarban et le chloroxylénol. La toxicologie progresse et pourrait, à tout moment, mettre en évidence un risque qu'on n'a pas vu, ou pas voulu se donner les moyens de voir. Les études concernant les allergies et certains cancers, il est vrai, se cristallisent de plus en plus autour des produits de beauté et d'hygiène.

En France, nous sommes mieux lotis. Hélas, l'obligation d'étiquetage ne suffit pas à assainir la situation. «En focalisant l'attention du public sur une ou deux substances autour desquelles on crée un engouement, on fait oublier tout le reste», m'explique un directeur de stratégie qui accepte de parler sous couvert d'anonymat. «C'est à la fois un argument de vente et un cache-misère. Mais il subsiste une prise de risque car il arrive régulièrement que l'ingrédient dont on vante les bienfaits à grand renfort de publicité se révèle catastrophique et qu'il ne soit retiré du marché que progressivement, pour éviter de réveiller l'opinion. Pour gérer ces crises sanitaires et potentiellement économiques, la discrétion est notre premier impératif. » La principale crainte est en effet de voir les consommateurs se détourner de la marque et intenter des procès. C'est précisément le genre de publicité que les actionnaires détestent, craignant de voir la valeur du titre chuter en bourse et entraîner de fait, la revente et la dégringolade redoutée. Les savons antibactériens se heurtent actuellement à ce problème car leur capacité de pénétration dans la peau serait excessive et certains composants iraient jusqu'à contaminer le foie, notamment le triclosan et le triclocarban. Les nanoparticules en apportent une illustration tout aussi inquiétante (voir p. 107-122).

L'innovation « scientifique » qui tuait

Les lobbyistes industriels savent que les nouveaux produits sont souvent mis sur le marché avec précipitation quand ils sont prometteurs, sans le recul que nécessite la prévention. Leur travail d'influence est la principale raison de ce manque de prudence, qui revient à jouer au poker avec la santé de millions de personnes.

Cette démarche marketing, qui consiste à surfer sur un ingrédient inédit, ne date pas d'hier. Les fabricants de produits d'hygiène oublient volontiers qu'entre les années 1920 et 1940, ils ont paré la radioactivité de toutes les vertus pour mieux vendre leurs savons, leurs shampoings et leurs crèmes de beauté, dans lesquels ils incorporaient le fameux radium découvert par Pierre et Marie Curie. Le fait que des études aient démontré le danger des radiations dès le milieu des années 1920[20] ne les a pas dissuadés d'exploiter le créneau commercial. Quand la radiotoxicité a commencé à faire parler d'elle au-delà des cercles d'experts, les industriels se sont entendus pour regarder ailleurs tout en mettant fin au marché comme si «la mode» était passée d'elle-même. Officiellement, les effets de ces produits sur les os, les poumons, le sang, la peau et les reins des consommateurs n'ont jamais été comptabilisés, et moins encore leurs impacts sur leurs organes de reproduction, les effets tératogènes sur la descendance des utilisateurs et les mutations génétiques. On serait enclin à penser que l'industrie pharmaceutique, ayant elle-même introduit à l'époque du radium dans des crèmes antirides, des savons, du talc pour bébés, des dentifrices, des préservatifs et une large gamme de médicaments prescrits contre les affections les plus diverses (hémorroïdes, diabète, tuberculose, rhumatismes, hypertension, sciatique, mal de dos, troubles digestifs, «maladies nerveuses», impuissance[21]...), aurait pu aider à en mesurer les conséquences, mais

---

20. En particulier chez les ouvriers manipulant des matériaux radioactifs.
21. Jean-Marc Cosset, Renaud Huynh, *La Fantastique histoire du radium. Quand un élément radioactif devient potion magique*, éd. Ouest France, 2011.

leur implication a au contraire contribué efficacement à verrouiller le dossier. Un dossier explosif sur lequel étaient également assis les médecins prescripteurs, les établissements de cures thermales proposant des bains radioactifs, des producteurs de sodas vivifiants, des fabricants de capsules de sels de radium pour les cafetières et les fontaines à eau, sans oublier des industriels du textile qui avaient eu aussi la bonne idée de produire à grande échelle des layettes radioactives pour bébés et des sous-vêtements qui, grâce au radium, apportaient une «garantie d'aseptie» et une «meilleure protection contre le froid»...

Autant d'articles dont les publicités mettaient en valeur la caution de médecins, quand ils n'étaient pas fabriqués directement par ces derniers. L'industrialisation de la caution médicale date précisément de cette époque : sous la houlette des inventeurs du lobbying moderne, Ivy Lee et Edward Bernays, tous les secteurs adopteront par la suite ces «leaders d'opinion» pour convaincre le public et intimider les détracteurs.

Du côté des malades du radium, ne surnagent que quelques témoignages de drames, en particulier celui du milliardaire Eben Byers, mort le 31 mars 1931, tué par une potion radioactive, le Radithor. Elle lui avait été prescrite par son médecin en traitement au long cours[22]. Compte tenu de l'importance du personnage, une autopsie fut exigée, qui mit en évidence le

---

22. *Pour La Science*, dossier hors-série, «Noyaux atomiques et radioactivité», n° 13, octobre 1996.

rayonnement de tous ses organes, y compris de ses dents. Aucune condamnation ne fut prononcée, pas même celle du dirigeant du laboratoire produisant le Radithor, en l'occurrence le médecin prescripteur de Byers, qui continua d'affirmer jusqu'au bout que son produit n'était pas nocif. Mais les autorités américaines commencèrent alors à encadrer plus sérieusement les usages médicaux de la radioactivité.

Aucune leçon n'a cependant été tirée de cette commercialisation précipitée. Aujourd'hui, les industries se montrent toujours plus promptes à impliquer des lobbyistes pour faciliter l'autorisation de leurs produits et embrouiller les esprits en cas de problème.

III. Rude journée
en perspective

Petit-déjeuner sous influence

Thé, café, céréales, édulcorants... Les lobbies dans notre bol

Moment sacré entre tous, le rituel du petit déj',
qui rassemble toute la famille. Les douceurs chaudes
réunies sur la nappe, offrandes aux dieux du récon-
fort, assurent le passage au monde réel : café au lait,
thé, chocolat et pain grillé côtoient les boîtes de
céréales. Aucun des enfants ne se soucie de savoir ce
que ces aliments contiennent. La question du bio
n'est pas entrée dans la maison. Pas encore. Pas plus
que celle des apports caloriques. Seules les habitudes
commandent les goûts dans la maison de Cécile. La
corbeille de fruits est restée dans la cuisine, reléguée
au profit des pots de confiture et du sucre.

Une petite boîte d'aspartame périmé se fait oublier
au fond du placard, vestige d'une année où Max avait
eu le projet de perdre quelques kilos. Ce n'est pas une
mauvaise chose : des études évoquent la toxicité de
cet édulcorant, en particulier sur le système nerveux
central, son rôle possible dans certains cancers (foie
et poumons) et le fait qu'il pourrait favoriser des

naissances prématurées[1]. L'Association internationale pour les édulcorants (ISA/AIE), prompte à défendre ce produit commercialisé par Monsanto, les récuse en disant qu'il s'agit d'études sur des animaux, comme il se doit, mais le Réseau environnement santé (RES) rappelle, à juste titre, que la vertu des études toxicologiques est précisément de révéler le pouvoir délétère des substances dangereuses *avant* qu'elles ne fassent des dégâts sur l'homme. Ces études font écho aux craintes qui avaient embarrassé les autorités lors de la mise sur le marché de l'aspartame aux États-Unis, dans les années 1970, et dix ans plus tard en France. Des investigations ont montré que son autorisation sur le sol américain est largement due au soutien que lui a apporté Donald Rumsfeld, chef de cabinet de la Maison blanche puis secrétaire à la Défense et par ailleurs PDG de la société Searle, qui en possédait le brevet[2]. La FDA l'avait en effet interdit en 1977 après avoir attaqué en justice l'entreprise pour des biais dans ses études de toxicité, avant de revenir sur sa décision sous la pression du gouvernement. En France, c'est le cabinet de lobbying Interel qui est parvenu à arracher

---

1. Thorhallur Halldorsson *et al.*, «Intake of artificially sweetened soft drinks and risk of preterm delivery: a prospective cohort study in 59,334 Danish pregnant women», *American journal of clinical nutrition*, vol. 92, n° 3, septembre 2010, et Morando Soffritti MD *et al.*, «Aspartame administered in feed, beginning prenatally through life span, induces cancers of the liver and lung in male Swiss mice», *American Journal of Industrial Medicine*, vol. 53, issue 12, décembre 2010, p. 1197-1206.
2. Sur la saga américaine de l'aspartame et, plus généralement, à propos des dessous des normes sur la «dose journalière admissible», voir Marie-Monique Robin, *Notre Poison quotidien*, Paris, La Découverte, 2011.

l'autorisation de l'aspartame, grâce à l'influence aussi discrète qu'efficace de sa directrice Florence Maisel-Mouterde. La lobbyiste a aussi mené des actions en faveur des producteurs d'OGM et remporté des victoires contre des projets de lois qui voulaient imposer la transparence sur les pratiques industrielles de l'agroalimentaire. L'experte ès influences préfère agir loin des projecteurs, au point de ne pas remplir le registre des lobbyistes du palais Bourbon quand elle démarche les parlementaires : «Je n'ai pas besoin de m'inscrire, je prends directement rendez-vous avec les députés», explique-t-elle[3].

Cécile fait infuser un sachet de thé dans son bol. À ses yeux, c'est plus simple que le thé en vrac. Elle ne songe pas que le fabricant exploite le procédé pour y mêler, à l'insu du consommateur, une quantité de débris de branches qui n'apportent rien à l'infusion. La légèreté des contrôles et des normes laisse en effet le champ libre aux pratiques douteuses. Dans certains thés disponibles sur Internet et qui échappent à toutes les règles, les producteurs ajoutent des feuilles d'arbres communs et des mauvaises herbes séchées.

Cécile n'imagine pas non plus que le papier des sachets apporte à son breuvage un surcroît de substances chimiques, dont des dioxines, surtout quand le papier est blanc ou qu'il est composé à base de fibres provenant de Chine ou d'Inde. Les résidus de pesticides qui se trouvent dans le thé issu de cultures intensives ne sont pas non plus anodins. Même si les

---

3. Thierry Fabre, *Challenge*, 17 mars 2011.

taux font l'objet d'une réglementation moins souple que celle qui s'applique aux thés de Chine destinés au marché asiatique (qui autorise des pesticides interdits en Europe), ils s'accumulent au fil des trois ou quatre tasses qu'elle avale dans la journée. Autre aspect essentiel, le thé (non bio) vendu en France et en Europe contient souvent de forts taux d'aluminium, un neurotoxique avéré. On y trouve aussi en moyenne plus de métaux lourds (plomb, cadmium, mercure...) que dans la plupart des autres aliments, comme le souligne une enquête nationale du ministère de la Santé[4].

Des métaux lourds dans le placard

Les théiers ont en effet le vilain défaut de capter et de concentrer ces toxiques, un peu comme les champignons et le thym absorbent la radioactivité. Les résultats de cette enquête que la direction générale de la Santé destinait initialement aux médecins, sous la forme d'une synthèse d'une vingtaine de pages, ont malheureusement atterri dans les placards des Directions régionales de l'industrie, de la recherche et de l'environnement (DRIRE), traditionnellement proches des industriels, d'où ils ne sont étrangement plus jamais ressortis. Les DRIRE, organismes publics placés depuis leur origine sous la tutelle du ministère

---

4. Direction générale de la Santé, *La Diagonale des métaux*, ministère de la Santé, 1995.

de l'Industrie, lui-même plus soucieux du développement économique des entreprises que de la santé publique, n'ont jamais pu se faire à l'idée de défendre sérieusement les dossiers émanant de ministères pouvant entrer en conflit avec les intérêts des grands acteurs économiques. Il est vrai que le document ne dévoile pas seulement la contamination étonnante du thé par les métaux lourds, mais révèle aussi celle de nombreux autres aliments, dont les céréales, les boissons, les produits laitiers et les viandes par les mêmes toxiques, autant d'informations fortement contrariantes pour les lobbies concernés... Il est d'ailleurs édifiant que les autorités sanitaires n'aient pas jugé bon de faire parvenir leur enquête aux médecins et aux patients par des voies plus directes, comme elles le font habituellement quand le ministre de la Santé veut montrer sa détermination.

La crainte des foudres de l'agroalimentaire a paralysé, hélas, les politiques. Le gouvernement n'avait d'ailleurs commandé cette enquête sur la contamination de la chaîne alimentaire française que sous la pression d'une directive européenne obligeant les pays de l'UE à évaluer régulièrement les métaux lourds dans leurs aliments. Le document s'est révélé d'autant plus embarrassant qu'une bonne partie de ces métaux retrouvés dans les aliments du secteur intensif provient des boues toxiques épandues dans les champs par les agriculteurs, livrées par les opérateurs de l'eau chargés de son traitement.

L'Olympe de l'agroalimentaire est composé d'entités qui ont pour nom Nestlé, Coca-Cola, Unilever, et d'autres grandes multinationales. Appuyés par l'Association interprofessionnelle du plomb (AIP), l'Association française des industries du cadmium (AFIC), l'Union des industries chimiques (UIC) et le Conseil européen de l'industrie chimique (CEFIC), pour n'en citer qu'une faible partie, ces géants se réunissent en superstructures de coalition. L'ensemble des industries polluantes agit à travers ces lobbies démesurés – telle la Table ronde des industriels européens (ERT) où l'on retrouve les 45 plus grandes multinationales, dont les constructeurs automobiles et les pétroliers, gros diffuseurs de plomb pendant un siècle. L'ERT a diligenté la mondialisation économique et la libéralisation du marché européen, sans lâcher l'idée de parvenir un jour à un accord planétaire sur la pénalisation financière des États qui alourdissent le budget des entreprises par des obligations sanitaires ou sociales[5]. Ce serait alors la première fois que les entreprises institueraient officiellement l'obligation que l'État leur verse une taxe, inversant le rapport de hiérarchie entre intérêt général et intérêts particuliers dans les démocraties, consacrant ainsi la délégation du pouvoir économique et politique aux géants du privé.

---

5. Ce projet d'accord figurait dans l'Accord multilatéral sur l'investissement (AMI) qui a été révélé par l'Observatoire de l'Europe industrielle (CEO) au milieu des années 1990, permettant de mobiliser les mouvements associatifs contre lui et de faire reculer les gouvernements, à commencer par la France.

Acrylamide : une odeur de grillé chez les industriels

Les céréales des enfants n'échappent pas aux toxiques. Outre des métaux lourds issus de l'agriculture, elles comportent des additifs pour le moins surprenants, tout comme les confitures. Conservateurs et colorants contiennent du mercure, de l'arsenic et tout un éventail d'autres substances effarantes que les producteurs d'additifs ont réussi à imposer aux commissions chargées de fixer les normes[6].

Le pain, on le répète depuis des lustres, apporte des fibres, du magnésium et des vitamines B1 et B6 qui devraient le pérenniser parmi les aliments essentiels. Or, s'il est fait à partir des céréales issues de l'agriculture industrielle, il comporte généralement des taux de plomb et de cadmium allant de 30 µ/kg à 180 µ/kg en moyenne, sans parler des pesticides ni du mercure[7]. La situation s'aggrave avec les versions type biscottes ou pains grillés produits en usine car non seulement les firmes y ajoutent des additifs mais leur cuisson dépasse souvent la limite produisant de l'acrylamide, un cancérogène également neurotoxique et reprotoxique (toxique de la reproduction), qui se forme dans les aliments contenant de l'amidon, des sucres et des protéines. Des études épidémiologiques démontrent la nécessité d'en réduire les taux dans tous

---

6. Marie Langre et Dr Maurice Rabache, *Toxiques alimentaires*, Paris, J'ai Lu, coll. « Librio Santé », 2004. et Corinne Gouget, *Additifs alimentaires*, Esqualens, éditions Chariot d'Or, 2013.
7. Le taux moyen de mercure dans le pain commun tourne autour de 16 µ/kg.

les aliments[8]. Une tranche de pain grillée au point de virer au marron devrait être immédiatement jetée à la poubelle. Des toxicologues signalent par ailleurs que les biscottes de certaines marques sont tellement cuites qu'elles mériteraient de ne jamais être consommées, y compris parmi les « bio ». L'acrylamide peut commencer à se former dès que la cuisson dépasse 120 °C...

Le café, comme le thé, présente de nombreuses vertus mais il n'échappe pas non plus aux pesticides. Sa torréfaction, hélas, le charge en acrylamide au point de le placer tout en haut du tableau des aliments qui contiennent de forts taux de ce toxique[9], juste sous les chips et avant le pain, presque deux fois plus que le thé[10]. Inutile de dire que, de toute façon, les différents acteurs du lobby agroalimentaire s'entendent à merveille pour éviter d'aborder le sujet en public. Ils n'ont pu empêcher, toutefois, que la Commission européenne lance une enquête en 2002 sur les taux d'acrylamide des différents aliments et que l'EFSA (l'Autorité européenne de sécurité des aliments) la poursuive. Faut-il préciser qu'avec un sujet aussi explosif l'EFSA marche sur des œufs ? Elle rappelle régulièrement qu'au regard des taux trouvés dans les aliments, « l'acrylamide, dont les effets carcinogènes et génotoxiques sont connus, pourrait potentiellement constituer un risque pour la santé » et elle répète que les experts de la FAO et de

---

8. Union européenne, HEATOX, *FP6-Integrating, FP6, FP6-Food, International Journal of Cancer*, 2008.
9. L. A. Mucci *et al.*, « Acrylamide intake and breast cancer risk in Swedish women », JAMA, 16 mars 2005.
10. Source : International Program on Chemical Safety, 2010.

l'OMS préconisent que «des efforts soient entrepris pour réduire l'exposition à cette substance[11]».

Le lait que le cadet, Félix, prend au biberon et celui que les deux autres enfants de Cécile mettent dans leur bol recèle également quelques secrets. On y trouve des résidus d'anti-inflammatoires, d'anti-biotiques, d'hormones et de l'aluminium. Mais, là aussi, le lobby des produits laitiers, le Centre national interprofessionnel de l'économie laitière (CNIEL) et ses homologues internationaux regroupant les poids lourds de la filière au sein de la Fédération internationale de laiterie (FIL) parviennent à plier les autorités à leurs intérêts. Le FIL tire même les ficelles au cours des cessions intergouvernementales qui décident des règles du *Codex Alimentarius* fixant les normes à respecter, et l'OMC ne prend aucune décision touchant leur secteur qui n'émane de cette fédération.

Le bébé de Cécile, quand il était au sein, a déjà eu droit aux contaminants du lait de sa mère – mercure, pesticides et résidus pharmaceutiques –, problème qui concerne tous les nourrissons allaités et qui inquiète de plus en plus les toxicologues, compte tenu de la vulnérabilité des jeunes organismes en développement. Des chercheurs ont tiré la sonnette d'alarme il y a déjà plus de trente ans, mais le sujet reste tabou[12]. Le

---

11. EFSA, *Acrylamide*, décembre 2012, site officiel, efsa.europa.eu/fr
12. W. A. Bowes Jr., «The effect of medications on the lactating mother and her infant», *Clinical Obstetrics and Gynecology*, décembre 1980, et A. Kirksey *et al.*: «Maternal drug use: evaluation of risks to breast-fed infants», *World Review of Nutrition and Dietetics*,1984. J. T. Wilson *et al.*, «Drug excretion in human breast milk: principles, pharmacokinetics and projected consequences», *Clinical Pharmacokinetics*, janvier-février 1980.

biberon n'est cependant pas une alternative : les quantités de toxiques y sont encore plus grandes. Il est bon de rappeler à ce propos que des enquêtes démontrent, depuis 1972, que le lait maternel des femmes consommant des produits bio permet de diviser par cinq ou plus la quantité moyenne de résidus toxiques[13]. Des études établissent que le lait de vache en contient encore davantage que le lait maternel, y compris dans les formules écrémées et en poudre[14]. Cécile doit-elle alors hâter la diversification des aliments de son petit ? Non. Quand il passera aux petits pots, les choses n'iront pas mieux pour Félix, puisque, malgré la surveillance extrême dont ces produits sont supposés faire l'objet, on y retrouve des métaux lourds, des pesticides et des produits sanitaires pour animaux d'élevage, ceux que l'on trouve aujourd'hui dans toute la chaîne alimentaire provenant des circuits intensifs[15].

En février 2013, l'enquêteur Fabrice Nicolino rappelait dans le journal *Le Monde* que les normes ne prennent pas en compte la synergie de ces substances, alors que l'explosivité de leur association devrait imposer une réglementation infiniment plus rigoureuse[16]. Il citait le toxicologue André Cicolella, soulignant que certaines substances, même prises individuellement,

---

13. Marie Langre et Dr Maurice Rabache, *Toxiques alimentaires, op. cit.*, p. 39.
14. A. Azzouz *et al.*, « Simultaneous determination of 20 pharmacologically active substances in cow's milk, goat's milk, and human breast milk by gas chromatography-mass spectrometry », *Journal of Agricultural and Food Chemistry*, mai 2011.
15. *Ibid.*
16. Fabrice Nicolino, « Le scandale alimentaire qui s'annonce », *Le Monde*, 25 février 2013.

contredisent radicalement le principe selon lequel
«la dose fait le poison». Ainsi, certains effets du
Bisphénol A peuvent se révéler «plus importants à
très faible niveau d'exposition qu'à haut niveau».
Rappelons également que le principe de la dose ne
prend pas en compte les «fenêtres de vulnérabilité»
de l'embryon qui, dans le ventre maternel, traverse des
périodes où une infime quantité de toxique peut faire
dramatiquement bifurquer sa morphogenèse et entraîner une cascade de conséquences catastrophiques [17].

---

17. Marie Grosman, *op. cit.*, chapitre «Mamans toxiques».

Les voyous de l'infiniment petit

Des nanos ont envahi mes vêtements,
mes cosmétiques, ma bouffe...

Cécile quitte la table pour finir sa toilette. Elle rejoint son univers de produits de maquillage et de crèmes pour hydrater sa peau, la régénérer et repousser l'apparition des rides, sa grande hantise.

Vigilante, elle a remarqué que les crèmes de soin affichent de plus en plus souvent la présence de « nanos » dans leur composition. Les « nanos », c'est le surnom donné aux nanoparticules issues d'une technologie de pointe. Ce sont des molécules assemblées atome par atome, avec une précision au nanomètre près (un millionième de millimètre). Véritables petits soldats de la beauté, les nanos, affirment les pubs, permettent d'accomplir des prodiges pour la peau.

Le public a l'embarras du choix, entre les crèmes de nuit avec des « nanoparticules d'or énergisantes » pour mieux reposer l'épiderme et celles avec des « nanocapsules de tri-céramides » pour le ressourcer – à moins qu'il préfère les deux en une. Les grandes marques proposent aussi des crèmes de jour aux « nanosomes de pro-rétinol A pour une action profonde antirides », d'autres aux « nanocapsules de vitamine E pure », ou bien aux « nanocapsules de bêta-carotène »... Pas mal non plus, les « nanos-H lipobelle QE10 » pour redynamiser les acides aminés, à moins que ce ne soient les mitochondries ou bien les mytho-je-ne-sais-quoi... On s'y perd. Si la journée s'annonce ensoleillée, on peut opter pour une crème aux « nanoparticules d'oxyde de zinc qui bloquent la mauvaise partie du rayonnement ultraviolet du soleil ». Même les shampoings se mettent à la page avec les nanokératines et le nanotitane pour « améliorer la santé des cheveux ». On en trouve aussi dans des rouges à lèvres, des fards à paupières, des parfums, des dentifrices, des déodorants...

Au début, Cécile se disait que ce n'étaient sans doute que les dernières trouvailles de publicitaires en mal d'arguments. Puis la lecture d'articles de presse l'a convaincue que les nanotechnologies, parfaitement réelles, apportent des propriétés indéniables dans d'innombrables domaines qui vont changer notre vie. Certains journalistes constatent au passage qu'il est souvent difficile de vérifier si les industriels emploient toujours de véritables nanos, mais, dans l'ensemble c'est épatant.

Cécile n'a donc pas boudé son plaisir et, aujourd'hui, ses étagères de salle de bain débordent de ces produits miracles. Elle n'est pas la seule : le marché est en pleine explosion, y compris chez les hommes, chacun espérant repousser plus efficacement le jour où il devra s'avouer devant la glace qu'il n'est plus qu'une vieille peau.

Pourtant, récemment, à rebours de cet engouement, de nouvelles crèmes sont apparues avec une nouvelle mention : « sans nanos ». Certaines marques les ont par ailleurs fait disparaître de leur composition. Cela signifie-t-il que les nanos se sont révélées néfastes ? Cécile en a parlé à une amie qui a levé les yeux au ciel : « Après les parabènes, il ne manquait plus que ça ! » Puis elle a ajouté : « S'il fallait faire attention à tout, on ne vivrait plus. » Cécile a soupiré, fatiguée par cette vieille formule de bon sens qu'elle entend depuis toute petite, complètement inutile puisqu'on l'adopte inconsciemment déjà presque tous au quotidien.

– On peut quand même parfois se poser des questions, a-t-elle rétorqué. Je préfère éviter de me choper un cancer de la peau au lieu d'attendre connement qu'on m'annonce un jour que j'aurais dû m'en préoccuper avant, puisque les autorités font mal leur boulot. Et toi, tu prends lesquelles, les sans nanos ou les avec ?

– Les avec. De toute façon, moi je clope comme un pompier, alors je l'aurai mon cancer...

– Je te rappelle que mon père est pompier et qu'il a fait son cancer sans avoir jamais fumé.

Derrière la façade

Nanos fortifiants, nanos assouplisseurs, nanos élastifiants, restructurants, hydratants, protecteurs, éclaircissants, antitaches de vieillesse... Leur point commun est d'agir plus que jamais « en profondeur », sans mépriser l'action de surface. Certes, avant même l'invention des nanos, les fabricants rivalisaient déjà sur le sujet : c'était à qui proposait la crème agissant le plus profondément. L'enjeu a toujours été de persuader les consommatrices que leurs produits n'agissaient pas seulement sur l'apparence, en maquillant les imperfections, mais qu'ils amélioraient la nature de l'épiderme. Ce qui n'était qu'imprécations publicitaires est finalement devenu réalité : l'intrusion du mot « nano » n'est pas une simple opportunité rhétorique pour les publicitaires, même s'ils trichent aux entournures, mais bien le signe d'une révolution scientifique en cours. Que les consommatrices suspectant que leur onguent n'ait qu'un effet placebo se rassurent : les nanos agissent véritablement « en profondeur ». Hélas !

La conquête de l'infiniment petit vient de franchir une étape qui ouvre des perspectives sidérantes. La cosmétique n'est qu'un secteur concerné parmi beaucoup d'autres. Aujourd'hui, les nanomatériaux entrent déjà dans la composition de nombreux aliments, par exemple dans des bonbons ou des mousses au chocolat, pour leur donner des textures inédites et augmenter leur « impact gustatif », mais aussi dans des textiles, pour intégrer des « fibres respirantes » et assurer une « meilleure protection », dans des matériaux de construction, pour combattre les effets des intempéries, dans des fours, pour anéantir les graisses, dans des vitres, pour qu'elles détruisent elles-mêmes la saleté qui s'y dépose, dans du béton autonettoyant...

On ne compte plus les industries qui, dans le textile, les métaux, le verre, les plastiques ou le traitement des cuirs ont adopté des nanos pour rendre leurs produits plus rigides ou plus élastiques, plus étanches, plus filtrants, plus transparents ou plus colorés, plus solides ou plus fluides, plus lisses, moins salissants... Les skis glissent plus vite, les pneus et les semelles adhèrent mieux, les raquettes de tennis et les clubs de golf sont plus légers et réactifs, les cirages plus protecteurs, les armements plus résistants à la chaleur et aux missiles rendus eux-mêmes plus pénétrants, la surface des appareils électroménagers résiste mieux aux chocs...

L'industrie pharmaceutique compte bien rejoindre le peloton en investissant dans les « médicaments du futur », notamment avec des nanocapsules portant les remèdes génétiques à bon port et les « nanorobots » qui, tels des vaisseaux intergalactiques envoyés dans notre corps, assureront eux-mêmes les réparations internes...

La médaille a néanmoins un gros revers. Les études toxicologiques sur les nanos, qui commencent à s'accumuler depuis quelques années, montrent en effet que leurs propriétés inédites les rendent aussi redoutables que séduisantes. Elles font à peu près tout, mais aussi n'importe quoi dans notre organisme, quel que soit l'endroit par où elles sont entrées : peau, poumons, tube digestif, yeux, cuir chevelu. L'organisme n'a pas prévu de frontières assez fines pour les arrêter et, de fait, elles circulent volontiers en touristes dans notre corps. De plus, elles sont plutôt joueuses, surtout quand elles se regroupent. Leur escapade préférée ? Franchir, en bandes, les barrières cellulaires et s'installer, sans demander d'autorisation, dans le noyau des cellules, là où se trouve notre ADN. Elles y prennent leurs aises sans politesse ni délicatesse pour le patrimoine familial, et certaines improvisent des parties de go avec nos gènes. Un sans-gêne qui s'ajoute au stress oxydatif et à la surproduction de radicaux libres (cancérogènes) et de cytokines inflammatoires dus aux intruses... Le nano-oxyde de zinc[18] et le nanodioxyde de titane utilisés notamment dans les produits anti-UV sont ainsi mis en cause[19]. Le second altère la barrière hémato-encéphalique qui protège le cerveau des substances toxiques, faisant craindre aux chercheurs une perturbation des fonctions cérébrales. Il est aussi pointé pour son interaction dangereuse avec le chlore, avec lequel il forme des composés endommageant la peau ou causant des cancers. Le nano-argent et les nanotubes de carbone, les deux nanomatériaux les plus utilisés, sont eux aussi sérieusement épinglés, les derniers allant jusqu'à provoquer des mésothéliomes, des cancers de la plèvre du poumon que seules les fibres d'amiante causaient jusqu'ici[20].

En 2006, l'Afsset (Agence nationale de sécurité sanitaire de l'alimentation, de l'environnement et du travail) alertait le ministère de la Santé sur le pouvoir qu'ont les nanos de faire migrer vers le cerveau les cellules cancéreuses qui, à l'origine, s'étaient

---

18. Ils ont été présents même dans certaines crèmes solaires « bio », jusqu'à ce que l'organisme de certification Bio Ecocert se révise, en 2012.
19. Le 14 juin 2011, l'Afssaps sortait un peu de sa réserve habituelle en concluant que des « risques n'étaient pas exclus ».
20. Haut Conseil de la santé publique, « Avis relatif à la sécurité des travailleurs lors de l'exposition aux nanotubes de carbone », 7 janvier 2009.

développées dans d'autres organes[21]. L'agence recensait les études menées à leur sujet et signalait des priorités urgentes. Elle expliquait que les nanoparticules, du fait même de leur taille, pouvaient « échapper aux mécanismes de défense de l'organisme ou les endommager[22] ». Peu après, l'Afsset assombrissait encore le tableau en estimant qu'on devrait adopter des moyens de protection individuels et collectifs à destination des salariés exposés. Elle constatait que les particules ultrafines fabriquées en laboratoire se déposent « sur l'ensemble du système respiratoire », en particulier « chez des sujets asthmatiques ou présentant une affection pulmonaire chronique » et qu'elles ont « des effets sur le système cardiovasculaire[23] ».

Devant les risques extravagants liés à ce secteur, l'Agence prônait qu'on définisse la responsabilité des industriels et que l'on conduise « une étude des conséquences du secret industriel sur l'évaluation du risque sanitaire et environnemental des nanomatériaux manufacturés ». Elle appelait à la constitution d'« un registre international, publiquement accessible, des nanomatériaux commercialisés ou en voie de l'être et des produits susceptibles d'en contenir ».

Jusqu'à son absorption par l'Afssaps, en 2010, l'Afsset n'a pas lâché le dossier. Elle a publié une étude de synthèse, en juin 2007, rappelant qu'il faut développer au plus vite une évaluation sérieuse : « Il est

---

21. Afsset, « Avis relatif aux effets des nanomatériaux sur la santé de l'homme et sur l'environnement », 2006.
22. *Ibid.*, p. 136.
23. *Ibid.*, p. 133.

urgent d'accroître les connaissances en nanotoxicologie dans le but de protéger au mieux les populations et l'environnement[24].» L'agence déplorait, outre des essais toxicologiques insuffisants, l'absence d'études épidémiologiques aussi bien sur la population que sur les salariés exposés. Elle allait de nouveau tenter de réveiller le gouvernement en 2008 et en 2010, allant jusqu'à le mettre explicitement face à ses responsabilités. En vain.

En 2010, le Haut Conseil de santé publique reprenait les alertes de l'Afsset et remettait à son tour au ministre de la Santé, Roselyne Bachelot, un rapport soulignant la toxicité du nano-argent et des nanotubes de carbone. Il pointait le passage des nanoparticules d'argent[25] à travers les barrières pulmonaire et digestive vers le sang, une accumulation dans le foie, les reins, la rate, le cerveau et le cœur[26]. Il rappelait leur

---

24. «Nanoparticules produites intentionnellement: dangers et risques sanitaires. Existe-t-il des biomarqueurs pouvant renseigner sur les dangers des nanoparticules pour la santé humaine? Débat méthodologique en cours: *in vitro vs in vivo*?», Marie Carrière et Barbara Gouget, *Bulletin de veille scientifique de l'Afsset*, juin 2007. Ce bulletin de veille scientifique recense régulièrement les travaux scientifiques publiés à travers le monde sur les problèmes qui nous inquiètent. Pour le personnel de l'agence, c'est un observatoire précieux qui permet de disposer d'un état des lieux permanent sur les connaissances scientifiques. Sa diffusion sous forme imprimée est restée restreinte jusqu'à ce que l'on prenne la décision de le mettre sur Internet pour le public, comme le veut la règle de transparence de l'Agence.
25. Le nano-argent est le nanomatériau le plus employé. Il est déjà présent dans des centaines de produits de consommation courante: désinfectants, déodorants, vêtements, emballages alimentaires, traitements de surface des réfrigérateurs, peintures, revêtements muraux, électroménager, informatique...
26. Haut Conseil de la santé publique, «Recommandation de vigilance relative à la sécurité des nanoparticules d'argent», 12 mars 2010, p. 1.

« capacité d'accumulation intracellulaire, un stress oxydant, une génotoxicité et une cytotoxicité par apoptose (mort cellulaire programmée[27]) ». On attend toujours que le politique assume sa propre mission.

Comment en est-on arrivé-là ? La plupart des nano-matériaux sont entrés dans notre vie quotidienne sans que nous le sachions, à travers plus de mille familles de produits, dans notre maison, au travail, dans les transports[28]... Les autorités confessent qu'elles sont incapables de les inventorier, faute de traçabilité, et du fait que les industriels sont si discrets qu'eux-mêmes ne savent plus très bien dans quels produits ils les ont disséminés. Par ailleurs, de nombreuses entreprises déclarent ignorer si les produits de base qu'elles se procurent pour fabriquer leurs articles contiennent des nanos. Novethic, une filiale de la Caisse des dépôts qui analyse les pratiques de communication des entre-prises, a relevé que 54 % des entreprises cotées au CAC 40 restaient curieusement muettes sur le sujet[29]. Elle soupçonne ces dernières, « conscientes des risques toxicologiques et éco-toxicologiques potentiels », de préférer « éviter un sujet sensible » pour ne pas « s'ex-poser en termes de risque de réputation ».

Ces groupes préfèrent en effet attendre de voir comment le dossier des nanos va évoluer – et faire en

---

27. *Ibid.*
28. On recensait 54 applications différentes en 2005, puis déjà 1015 en 2009, tout en sachant que cette liste n'est pas exhaustive.
29. Sur 92 sociétés examinées du CAC 40 français et allemand. Novethic, *Nanotechnologies – Risques, opportunités ou tabou : quelle communication pour les entre-prises européennes*, *Étude RSE*, septembre 2010.

sorte que des victimes éventuelles ne fassent pas le lien avec les produits qu'elles leur auront vendus.

De plus, le scénario des OGM les a rendus méfiants : ces innovations issues du génie génétique, d'abord prometteuses, sont rapidement apparues comme un contre-argument commercial. C'est en songeant à ce revirement que des lobbyistes ont préconisé de s'abstenir de signaler sur les étiquetages la présence de nanos. C'est aussi l'expérience des OGM qui leur a inspiré la stratégie consistant à mettre le public au pied du mur en diffusant largement les nanos avant tout débat. C'est presque chose faite et cela figure déjà au titre des victoires historiques dans certains manuels de lobbying.

Un complément stratégique a été mis en place dès le début des années 2000 pour endiguer quelque temps les lanceurs d'alerte potentiels et les associations qui risquaient de remuer l'opinion. L'opération a consisté à les inviter dans des réunions avec les industriels et des représentants de l'État pour leur proposer de « réfléchir ensemble » aux avantages et aux inconvénients de la nouvelle technologie, afin de l'encadrer. Finalement, les associations se sont retirées, déçues par des échanges manifestement biaisés qui donnaient la part belle aux multinationales, sans perspective de pouvoir peser sur les décisions finales.

Mais une année a été ainsi gagnée par les industriels, pendant laquelle les autorités politiques en ont profité pour se décharger complaisamment de leur responsabilité sur la « gouvernance sociale ». Il s'agit d'une opération de lobbying très classique : celle du

« tour de table », qui met en présence les rivaux sociaux, en donnant à l'événement des allures de consultation élargie en vue de futures négociations. Tandis que les associations s'efforcent d'apparaître comme les interlocuteurs de référence, les lobbyistes s'appliquent à les focaliser sur des « échanges de réflexions » entre soi, et les industriels développent le marché sans attendre que les luttes prennent forme. La formule est vieille comme l'art de la guerre et de la diplomatie : renforcer ses positions et gagner la bataille avant même d'engager le conflit. Les lobbyistes savent que les responsables politiques hésitent beaucoup plus à suspendre des produits quand ils sont déjà largement diffusés et que la population les a adoptés. Une interdiction devient alors d'autant plus gênante qu'elle suscite des questions sur l'autorisation qui avait été accordée trop facilement.

Le plus extraordinaire dans cette affaire concerne justement cet aspect. Pour une fois, aucune autorisation n'a été délivrée, tout simplement parce que les industriels n'en ont pas demandé pour mettre leurs articles sur le marché. Alors que la Commission européenne avait mis en vigueur le règlement REACH imposant l'évaluation des produits chimiques pour toute demande de mise sur le marché, les entreprises s'employaient à diffuser les nanos dans tous les secteurs sans les soumettre aux procédures d'évaluation. Quand des voix ont commencé à s'élever parmi certains députés européens devant ce culot criminel, les avocats des industriels ont brandi ensemble un même argument selon lequel la loi concerne le champ de la chimie, or les nanos ne relevaient pas de la chimie mais de la physique puisque leur agencement initial se fait atome par atome.

Des élus européens s'en sont scandalisés, en 2009, soulignant devant leurs pairs que «les nanomatériaux sont de nature à présenter de nouveaux risques majeurs[30]». Ils précisent: «Il est avéré que les nanotubes de carbone provoquent exactement le même type de lésions que l'amiante, que les nanograppes de carbone causent, à faible concentration, des lésions cérébrales chez les poissons et que le nano-argent stérilisant contenu dans les bas et collants se mélange aux eaux usées, créant ainsi de nouveaux risques dans les stations d'épuration[31].» Et s'indignent: «Quand on sait que les nanoparticules peuvent traverser la barrière sang-cerveau, comment est-il envisageable de commercialiser des crèmes solaires qui n'offrent pas la garantie d'avoir été testées[32]?» Ils notent que la pression des lobbies industriels a entretenu la division du Parlement européen pour garder les mains libres: «Dans le cadre de REACH, il n'a pas été possible de s'accorder sur des orientations visant à identifier les nanomatériaux, laissant ainsi aux agents économiques le soin de prendre les décisions.»

De fait, malgré la gravité du dossier, il faudra toute la détermination des députés Verts pour faire bouger

---

30. Commission de l'environnement, de la santé et de la sécurité alimentaire, *Projet de rapport sur les aspects réglementaires des nanomatériaux*, Parlement européen, 19 janvier 2009.
31. *Ibid.* Ce passage disparaîtra du texte de la résolution adoptée le 24 avril 2009.
32. *Ibid.* Ce motif disparaîtra également de la résolution finale.

la législation. Le moment des procès viendra sans doute plus tard. En attendant, le Parlement européen a commencé par imposer l'étiquetage des nanos sur les cosmétiques, qui ne deviendra obligatoire qu'à partir de juillet 2013[33]. La Commission européenne a dû fixer une « désignation universelle des nanomatériaux qui devra être utilisée à toutes fins de réglementation », référence pour tous les textes réglementaires : « matériau insoluble ou bio-persistant, fabriqué intentionnellement et se caractérisant par une ou plusieurs dimensions externes, ou une structure interne, sur une échelle de 1 à 100 nanomètres ».

La lenteur du législateur européen face aux nanos n'est pas une exception. Les lobbies ont su fasciner les chefs d'État du monde entier en leur faisant miroiter des promesses économiques et militaires fascinantes. Ils les ont fait rêver et leur ont fait perdre toute sagesse, tout en exploitant l'argument de la compétition internationale autour de cette révolution technologique. Les gouvernements ont accepté de jouer ce jeu en retardant l'évaluation des risques toxicologiques. Ces derniers y consacrent des sommes exubérantes depuis dix ans. Dès la fin des années 1990, Bill Clinton et Al Gore lui-même lançaient la National Nanotechnology Initiative et appelaient les États-Unis à débloquer plusieurs milliards de dollars en soutien aux firmes investissant dans ce secteur pour « ne pas rater le tournant historique le plus impressionnant de

---

33. La branche Australienne de l'association Friends of the Earth (Les Amis de la Terre) a publié un guide des crèmes solaires sans nanos, diffusé sur leur site.

tous les temps[34] ». Les géants économiques, comme Arkema, BASF, Bayer, Rhodia, Symrise, Procter & Gamble, IBM, LVMH, Danone, Carrefour, Casino, Metro, Total, Areva, Bouygues, Vinci, Michelin, BMW, Volkswagen, PSA, Renault, Beiersdorf, Sanofi-Aventis, Nokia, HLDG, EADS, Thales, ArcelorMittal et cent autres se sont rués sur les nanos, fascinés par les prévisions économiques promettant un développement du marché exponentiel. Pernod-Ricard, Heineken, Hermès, Dior, L'Oréal, Saint-Gobain, Lafarge, Veolia et Suez s'y sont mis également.

Pourtant, les assureurs ont mis en garde les entreprises en leur faisant part de leur embarras devant une telle précipitation sur un terrain si explosif. On peut les comprendre, leur métier consistant d'abord à voir venir les risques avant de les assurer, pour mieux se garantir eux-mêmes contre une catastrophe. Le dossier les fait intensément phosphorer. La FFSA (Fédération française des sociétés d'assurances) a fait savoir que la commercialisation des nanomatériaux est inassurable en l'absence de maîtrise des risques pour la santé et l'environnement.

Du coup, les assureurs proposent de s'orienter vers des contrats au cas par cas, pour chaque type de nanos et selon les utilisations, à condition de s'appuyer sur un système de réassurance renforcée, c'est-à-dire assurant solidement les assureurs eux-mêmes[35]. Ils n'ont

---

34. L'expression revient souvent dans les argumentaires des lobbyistes.
35. Alexandre Mehl, *Assurance et nanomatériaux*, Generali/FFSA, 24 novembre 2008.

pas oublié la crise de l'amiante, qui a ruiné certains d'entre eux et failli entraîner le dépôt de bilan de la Lloyds, l'un des plus gros assureurs au monde.

Mais appliquer un contrat pour chaque famille de nanos ne règle pas le problème hallucinant que découvrent les toxicologues : non seulement chaque nanomatériau possède des propriétés uniques qui lui donnent un pouvoir nocif original, mais le « profil toxicologique » de chaque nanoparticule change en fonction de son histoire individuelle, c'est-à-dire de son voyage et des molécules qu'elle croise tout au long de son existence. Cerise sur le gâteau : l'agglomération des nanoparticules modifie à tout moment leur profil toxicologique. On n'ose ironiser sur la manière dont Axa, Groupama et L'Abeille parviendront à décliner leurs polices d'assurance.

Il est tout de même instructif de relever que les assurances demandent aux entreprises de bien vouloir intégrer leurs nanos au règlement REACH, qui impose les évaluations toxicologiques au lieu de vouloir s'y soustraire. Ce qui n'enchante pas franchement le Conseil européen de l'industrie chimique (CEFIC), le lobby le plus concerné.

Les industriels continuent à passer outre. Le pari peut-il encore rapporter gros ? Beaucoup se sont enrichis, en particulier dans le secteur de la chimie, mais les actionnaires commencent à demander des précisions sur les risques, sentant que le rêve pourrait virer au cauchemar. Pour les toxicologues et les chercheurs qui se sont penchés sur le problème, il est plus qu'urgent de se réveiller. Les ruses que les lobbyistes ont employées pour éviter les évaluations en amont risquent de se payer cher. Les premiers craquements d'un scandale se font déjà entendre dans les coulisses du monde politique et industriel...

Une première mesure d'urgence serait d'imposer un moratoire international pour suspendre la production de nanos, afin de ne pas découvrir trop tard que nous sommes tous rongés par le même mal. En étant optimiste, si les évaluations sanitaires s'avèrent véritablement rassurantes pour certaines nanoparticules toxicologiquement stables, on pourrait alors envisager un tri hautement sélectif et ne retenir à terme que les nanos qui apportent un avantage précieux, comme dans le cas de certains médicaments essentiels qui y gagnent en efficacité ou en précision, et écarter les nanos qui n'ont d'autre utilité que soigner les dividendes de gros actionnaires.

Cécile dépose les enfants à l'école

*Comment les industriels s'immiscent dans les classes
pour façonner de «bonnes habitudes»*

La nounou a du retard. Max l'attendra pour lui laisser le bébé. Cécile descend avec les deux autres enfants, un sac-poubelle à la main. Sur le trottoir, devant la porte de l'immeuble, elle relève du bout de l'index le couvercle de la grosse poubelle pour y lâcher son sac plastique. Elle retient machinalement sa respiration devant les remugles qui remontent, rabat le couvercle et se concentre aussitôt sur la fraîche volupté que sa peau conserve de la douche et des crèmes.

Histoire d'ordures

Cécile serait sans doute surprise de découvrir la façon dont la multinationale qui ramasse les ordures s'est emparée de ce marché autrefois géré en régie publique, et les dessous pas très propres de sa facture. Il s'agit du même groupe que celui qui a obtenu le marché de l'eau de la ville et du chauffage urbain.

Depuis des décennies, ce groupe se partage la France avec la Lyonnaise des eaux et la Saur. Il se prépare en outre à prendre les commandes d'un vaste réseau de transport qui fera concurrence à la RATP et à la SNCF.

L'histoire de la France contemporaine passe par ces géants qui s'emparent des secteurs traditionnellement dévolus à l'État et aux collectivités. Des lobbyistes « musclés » leur servent de relais auprès des élus et des petits concurrents qui, en général, offrent peu de résistance, que ce soit devant les ponts d'or qu'ils leur proposent, ou face à quelques chantages. Il est arrivé plus d'une fois que ces lobbyistes, parfois peu délicats, finissent devant les tribunaux pour répondre de leurs méthodes trop brutales ou choquantes. Comme ce jour où un professionnel de l'influence, par ailleurs directeur régional d'une multinationale des eaux, a posé son canon de revolver sur le crâne d'un importun qui refusait de céder au groupe son entreprise de chauffage urbain à vil prix[36]. L'homme a été condamné à une peine d'emprisonnement, puis envoyé par la multinationale en Asie pour s'occuper de son développement international. Un bon élément, en somme.

Cécile installe les enfants dans sa voiture. Ce matin, la marmaille exulte. Ils ne parlent que d'une chose : les dégustations qui les attendent à l'école, car c'est le premier jour de la Semaine du goût. Comme chaque année, des activités culinaires sont organisées :

---

36. Arrêt n° 2500 du 10 juillet 2002, Cour de cassation – chambre sociale.

confection de pâtisseries, de confiseries et de chocolats. Sans parler des distributions de friandises et des concours tournant autour des aliments et des papilles des enfants. Cyril, l'aîné de huit ans, évoque ses souvenirs de l'année précédente : « Trop, c'était trop, une fête de ouf ! J'ai mangé au moins je ne sais plus combien de crêpes et de pommes d'amour et des machins avec des sortes de trucs dedans qui coulent... » Ses paroles excitent ses frères qui trépignent.

Ils savent que cette première journée sera consacrée à ce qu'ils préfèrent : les gâteaux. Des pâtissiers vont leur apprendre à préparer différentes versions de macarons avec une grande variété de chocolats. Ce n'est pas tous les jours que l'école devient le paradis des élèves !

Arrivés devant l'établissement, c'est à peine s'ils prennent le temps d'embrasser leur mère. Un marchand de barbe à papa placé sur le trottoir distribue gratuitement ses nuages roses aux écoliers. On ne leur a pas menti, c'est vraiment une journée de ouf qui s'annonce.

En les lâchant, Cécile les envie presque. Inutile de préparer un vrai dîner, ils n'auront pas très faim ce soir. Elle songe à leur dire de ne pas trop se goinfrer, puis se ravise, sachant qu'ils ne l'écouteront pas.

Un arrière-goût étrangement sucré

Déclinée partout en France, cette gigantesque manifestation a pour vocation officielle d'« éduquer les jeunes aux saveurs des aliments » et de « mettre en valeur le patrimoine culinaire et les métiers de bouche ». Depuis son lancement en 1990, les médias font largement écho aux communiqués de presse des organisateurs qui, chaque année, en font une semaine de grande convivialité culinaire, organisée sous le haut patronage de l'Éducation nationale et du ministère de l'Agriculture. Les parents n'imaginent pas une seconde que c'est un redoutable lobby bicéphale qui tire les ficelles : la Collective du sucre, fer de lance des sociétés sucrières françaises, et sa filiale au nom ronflant et parfaitement trompeur : le Centre d'études et de documentation de l'alimentation (CEDAL).

La Collective du sucre et le CEDAL ont pour mission de valoriser le sucre et de plier les ministères à leur cause. Qui irait imaginer que le ministère de l'Éducation nationale ait pu se laisser abuser par un tel cheval de Troie, faisant passer pour une « éducation des jeunes aux saveurs des aliments » ce qui procède essentiellement de la volonté d'entretenir le goût du sucre ? Se méfie-t-on si peu des intrusions des lobbies du côté des autorités qui ont en charge d'éveiller les esprits ? Leur manque de discernement devant la plus énorme opération de propagande jamais menée au sein des institutions scolaires semble total. Cette mansuétude est plus habituelle du côté du ministère de l'Agriculture, connu des spécialistes pour abriter parmi ses hauts fonctionnaires des conseillers et des représentants fidèles de l'agroalimentaire.

Avec la Semaine du goût, qu'il pilote depuis sa création, le lobby sucrier s'est donné pour objectif prioritaire de renforcer son influence sur les jeunes, de freiner la désaffection massive du public pour son produit et de se repositionner face aux producteurs d'édulcorants qui prospèrent. Il vise aussi à peser face aux géants de l'agroalimentaire qui ont élargi leur éventail de produits allégés et affichent fièrement la mention « sans sucre ».

La promotion de l'événement coûte chaque année à la Collective du sucre environ 1 million d'euros et fait monter au créneau des commandos d'attachés de presse. Devant son succès, les firmes d'édulcorants ont préféré allumer le calumet de la paix avec les sucriers. Ils ont même créé ensemble, en 2005, un « comité de sages » au sein de l'Association nationale des industries alimentaires (ANIA), le grand lobby qui fédère les acteurs de l'agroalimentaire[37]. Les deux camps savaient qu'en prolongeant leur guerre, ils risquaient l'un et l'autre de porter à la connaissance du public des études sur les méfaits de leurs produits respectifs qui pourraient amener les consommateurs à se détourner aussi bien du sucre que des édulcorants. Car ces études ne manquent pas...

Les grands groupes agroalimentaires les ont d'ailleurs encouragé à s'entendre, ayant aussi tout à perdre dans cet affrontement. Il est piquant de les compter parmi les sponsors de la Semaine du goût, censée nous faire découvrir le plaisir des aliments non industrialisés : Carrefour, Cochonou, Justin Bridou, Aoste,

---

37. *Aliments nutrition. La lettre d'information de l'ANIA*, n° 5, juillet-août 2005 et *La Revue des marques*, n° 50, avril 2005.

Fleury Michon, Labeyrie, Madrange, Maggi, Liebig, Honeycrunch, Kellogg's, Legal, Melitta, Florette, Entremont, RichesMonts, Bonne Maman, Poulain, 1848... Un comble pour une initiative qui clame vouloir lutter contre l'acculturation de nos papilles due aux aliments «cuisinés» en usine. Une manifestation qui, dans notre naïveté, nous semblait mettre en valeur les produits frais et tourner le dos aux plats industrialisés chargés de mauvaises matières grasses, d'exhausteurs de goût, de sel, de sucre et d'ingrédients chimiques, largement responsables de la multiplication des cas d'obésité, de diabète, et de problèmes cardiovasculaires dans les pays riches... On nous aurait donc menti ?

Pourquoi les autorités ont-elles laissé cette opération s'institutionnaliser auprès du jeune public, sachant que le sucre est l'un des gros pourvoyeurs de ces affections et de caries ? On ne compte plus les études qui ont confirmé son impact néfaste sur les enfants en les prédisposant à ces pathologies, pourtant les lobbyistes continuent à faire son apologie et les industriels d'accroître encore la part de sucres ajoutés dans les aliments et les boissons.

Des médecins de premier plan ont montré, dès la fin du XIXᵉ siècle, puis régulièrement au cours du siècle suivant, que le sucre contribue au surpoids, voire à l'obésité, par son apport exubérant en calories. La documentation scientifique sur ses effets délétères n'a cessé de se renforcer, pour atteindre une rare intensité depuis les années 1980.

Depuis plusieurs décennies, les chercheurs se penchent sur son rôle de cofacteur dans l'apparition de certains cancers du pancréas, du sein et du côlon[38]. Par ailleurs, en 2000, une équipe de recherche de la Harvard School of Public Health s'est intéressée aux décès liés aux taux de glucose dans le sang dans le monde. Les résultats publiés dans *The Lancet* ont révélé que l'excès de glucose (à un taux plus faible que celui du diabète) était à l'origine de plus de 3 millions de morts par an (21 % des décès par infarctus du myocarde et 13 % des décès par accident vasculaire cérébral[39]). Autrement dit, l'excès de glucose dans la catégorie apparaît comme l'une des principales causes de décès, parmi lesquelles figurent notamment le tabac (4,8 millions par an), l'excès de cholestérol (3,9 millions par an), le surpoids et l'obésité (2,4 millions par an) et le diabète (près d'un million par an).

Les dégâts mondiaux dus au sucre ont conduit l'OMS à lancer, en 2004, un plan anti-obésité. Ce qui a fait surgir de l'ombre une étrange organisation, la World Sugar Research Organisation (WSRO), qui s'affiche comme un «organisme international de recherche» mais oublie volontiers de rappeler que ce sont les groupes sucriers américains et européens qui assurent son fonctionnement. Parmi les financeurs, on retrouve l'Industrie française du sucre et la

---

38. Voir notamment l'étude de Paul D. Terry *et al.*, «Glycemic load, carbohydrate intake, and risk of colorectal cancer in women: a prospective cohort study», *Journal of the National Cancer Institute*, 2003.
39. Goodarz Danaei *et al.*, «Global and regional mortality from ischaemic heart disease and stroke attributable to higher-than-optimum blood glucose concentration: comparative risk assessment», *The Lancet*, 11 novembre 2006, p. 1651-1659.

Confédération générale des planteurs de betteraves, qui compte 35 000 agriculteurs.

Dans sa lutte contre les recommandations de l'OMS, la WSRO a étrangement obtenu l'appui du gouvernement américain. Les observateurs attentifs y voient un remerciement de George W. Bush pour les millions de dollars que le lobby a versé au Parti républicain.

Non contente de ce soutien de poids, la WSRO a adopté une stratégie de pénétration des réunions au siège de l'OMS à Genève[40]. L'idée était de faire preuve d'une grande générosité financière pour se voir attribuer le statut d'organisation non gouvernementale (ONG) par l'OMS qui, jusqu'à présent, s'y refusait. Ce projet devait compléter une pression du lobby agroalimentaire, en particulier des multinationales du fast-food, qui venait d'obtenir une concession importante de la part de l'OMS : celle-ci s'était engagée à ne plus conseiller un apport en sucres ajoutés inférieur à 10 % de l'apport calorique quotidien d'un adulte[41]. George W. Bush leur apportait son appui, menaçant de suspendre la contribution américaine si l'OMS s'entêtait. En 2004, l'Agence française de sécurité sanitaire des aliments (Afssa) a finalement osé publier un rapport rappelant que « l'eau est la seule boisson indispensable, en particulier chez les jeunes

---

40. Jo Revill, « Sugar's secret sweetener offer to health chefs », *The Observer*, 3 octobre 2004.
41. « Régime alimentaire. Nutrition et prévention des maladies chroniques », rapport de la consultation OMS/FAO, *Les Rapports techniques de l'OMS*, n° 916, Genève, 2003.

enfants» et jugeant «souhaitable que l'eau du robinet soit mise à disposition gratuitement dans tous les lieux de restauration. Quand l'eau est mise en vente, son tarif devrait être inférieur à celui des boissons sucrées [42]». Elle recommandait au passage que les industriels indiquent sur leurs étiquettes la quantité de sucres ajoutés et qu'ils en diminuent les teneurs [43]. La suggestion a aussitôt provoqué une levée de boucliers des représentants de toutes les firmes agroalimentaires, faisant apparaître la puissance de leur organisation: produits laitiers, céréales, confitures, biscuiterie et pâtisserie, confiserie, chocolaterie, charcuterie, conserves, sauces et mayonnaises, produits cuisinés, glaces et sorbets [44]... L'Afssa a dû entamer un repli et abandonner toute idée d'étiquetage des sucres ajoutés, comme l'a bien noté *Le Canard enchaîné* [45].

Le lobby, de son côté, insubmersible et sans mesure, a poursuivi sa contre-attaque par une grande campagne de publicité et des spots télévisés montrant des pâtissiers mis en prison avec la légende: «Qui voudrait d'un monde interdit au sucre?»

---

42. Afssa, *Glucides et santé. État des lieux, évaluations et recommandations*, octobre 2004, p. 104.

43. «Il serait particulièrement important de pouvoir distinguer les sucres naturellement présents dans les aliments (fructose des fruits, lactose du lait) des glucides ajoutés (sirop de glucose et de fructose, saccharose, sucre inverti...)» (*ibid.*, p. 95); et «la diminution de la teneur en sucres ou autres édulcorants glucidiques peut parfaitement être envisagée dans de nombreux produits alimentaires» (*ibid.*, p. 96).

44. Voir notamment: *Alimentation nutrition. La lettre d'information de l'ANIA*, n° 2, 2 décembre 2004.

45. «Conflit de canard», *Le Canard enchaîné*, 25 janvier 2006.

Une étude très gênante

Pour parfaire sa communication, la WSRO s'est alors employée à contester les études pointant le niveau de dépendance engendré par le sucre, telle l'enquête toxicologique d'une équipe du CNRS menée sur le rat, animal de référence des expériences sur les produits addictogènes. Les chercheurs, eux-mêmes surpris par leurs résultats, avaient en effet révélé en 2007 que «le sucre (naturel ou synthétique) a un potentiel addictif plus élevé que la cocaïne [46]».

Évidemment, le fait que le sucre ne provoque pas de modification de l'état de conscience laisse mal entre-voir comment une telle emprise est possible. Pour mieux se la représenter, il faut songer au tabac, l'une des rares drogues à ne pas modifier la conscience, et penser aux difficultés qu'on éprouve quand on veut réduire durablement sa consommation de sucre.

Curieusement, l'Institut français pour la nutrition (IFN), qui soutient de nombreux scientifiques étudiant l'alimentation, semblait encore ignorer cette étude en 2010: «On a pu dire aussi que la consommation de produits au goût sucré (en particulier les boissons contenant des édulcorants intenses) entretient le goût pour le sucré et stimule une consommation excessive de ces produits. Les études scientifiques ne confirment

---

46. Magalie Lenoir, Fuschia Serre, Lauriane Cantin et Serge H. Ahmed, université Bordeaux II, université Bordeaux I, CNRS, UMR 5227, laboratoire Mouvement/Adaptation/Cognition, Équipe «Neuropsychopharmacologie de l'addiction». Propos du directeur de recherche Serge Ahmed, recueillis par Yves Deris, de l'Institut des neurosciences de Bordeaux, le 9 novembre 2007.

pas cette idée[47].» Ce texte exposé sur son site Internet en réponse à la question « Est-ce que "le sucre appelle le sucre"?» côtoie un autre texte, qui nie, lui, que le sucre puisse être à l'origine de cas de diabète...

Tout s'explique: le nom intimidant de cet «institut» cache en fait une simple association loi 1901, créée en 1974 par des structures de lobbying agroalimentaire, l'Institut de liaisons et d'études des industries de consommation (ILEC) et l'Association nationale des industries alimentaires (ANIA). On est très loin de l'organisme public que suggère pourtant le sigle IFN. C'est un classique du genre. Le nom de ses contributeurs est plus explicite: Coca-Cola, Danone, Kellogg's, Nestlé, Mars Incorporated, Unilever, Marie surgelés, etc. Ils partagent leur place avec des lobbies très actifs comme le CEDUS (Centre d'études et de documentation du sucre), la FICT (Fédération française des industriels charcutiers traiteurs), la FNCG (Fédération nationale des industries des corps gras) et l'ITERG (Institut des corps gras)[48].

Concluons, cependant, sur une note optimiste. Les stratégies de ces lobbies qui coalisent la quasi-totalité des multinationales de l'agroalimentaire n'ont pas empêché que de très nombreux consommateurs se détachent du sucre et que ce dernier

---

47. Institut français pour la nutrition, « Est-ce que "le sucre appelle le sucre"?», www.ifn.asso.fr, rubrique « Sucres ».
48. Avec André Aschieri, j'ai examiné en 2010 la nature des recherches primées ou favorisées par l'IFN. On n'y trouve pas d'études concluant à des effets négatifs du sucre. Voir à ce sujet: André Aschieri et Roger Lenglet, *Mon Combat contre les empoisonneurs*, Paris, La Découverte, 2010.

commence à apparaître pour ce qu'il est : un produit qui n'est pas inoffensif.

Reste à se montrer vigilants devant les intrusions des firmes dans le système scolaire. Certains lobbies, comme ceux des alcooliers et de l'industrie pharmaceutique, y sont déjà parvenus au tournant des années 2000 ; l'un pour vanter la «consommation modérée» du vin, l'autre pour banaliser la consommation des médicaments au prétexte d'apprendre leur «bon usage» à de jeunes écoliers.

Ces «chevaux de Troie» recouraient à des prétendues mallettes pédagogiques et à un film d'animation. Personne ou presque n'avait vu le subterfuge consistant à vanter les vertus de leurs produits auprès des enfants, sous couvert de les mettre en garde contre l'abus de leur consommation...

Le niveau de confusion entretenu par les lobbyistes est tel qu'il faut aujourd'hui rappeler que les enseignants et l'Éducation nationale doivent concevoir eux-mêmes le contenu des cours et faire preuve d'un sens critique sans concession quand des entreprises veulent intervenir auprès des élèves.

IV. Gagner son pain

Perdre sa vie à la gagner

Le boulot les tue et le médecin du travail regarde ailleurs

René, le père de Cécile, va bientôt prendre sa retraite. Des soupirs de soulagement montent en lui quand il songe qu'il n'aura plus à grimper sur les toits, à s'exposer aux morsures de l'hiver qui gèlent les doigts, à se méfier des coups de vent et des pluies qui tuent régulièrement des couvreurs en les faisant tomber. « Heureusement, les chutes ne sont pas toutes mortelles, explique-t-il. Sinon, je serais mort plusieurs fois.» Il rit en décrivant sa dernière dégringolade, la plus terrifiante, il y a trois ans: «J'étais en train de fixer des tuiles sur une vieille maison, quand ça s'est effondré juste sous moi! Normalement, le plancher aurait dû m'arrêter cinq mètres plus bas, mais il était pourri aussi, je l'ai traversé et j'ai atterri dans la cave sur une cuve qui m'a cassé la tête et les côtes.»

René a gardé quelques séquelles de l'accident: un genou qui, malgré plusieurs interventions chirurgicales, ne s'en remettra jamais, et une fracture du crâne qui lui a laissé un enfoncement visible sur le devant du front. Pour ponctuer son récit, il chantonne un tube d'Henri Salvador : « Les prisonniers du boulot, n'font pas de vieux os... »

Le métier de couvreur est dur, il ne l'a pas choisi. Pendant sa jeunesse, René se répétait que cela n'allait pas durer, qu'une autre activité l'attendait. Puis il a fini par l'aimer, comme on se résout à aimer ce que le hasard et la nécessité nous ont imposé, moyennant quelques rêves de liberté qui se dissolvent avec le temps.

Son premier toit date de 1970. Son patron, sous-traitant d'une grande entreprise, l'avait fait grimper à seize mètres de haut, pour replacer quelques ardoises que le vent avait dérangées autour d'une antenne de télé. « À l'époque, c'était la première chose qu'on regardait : si le gosse ne surmontait pas le vertige, on ne le prenait pas, c'est tout. »

Il se gratte la tête quand on l'interroge sur les autres risques auxquels son boulot l'a exposé, en particulier les fibres des matériaux isolant les toits. L'amiante ? « Oui, c'est vrai, il m'arrivait souvent de me retrouver nez à nez avec ça, de devoir replacer du fibrociment ou de gratter des flocages. Et il en reste un peu partout, il y a encore beaucoup de bâtiments qui en gardent sous les toits. » Il s'étonne franchement en apprenant que la fibre céramique, un isolant avec lequel on remplace l'amiante, est un cancérogène tout aussi puissant : « Ah ça oui, la fibre céramique, j'en mange souvent... C'est curieux, le médecin du travail ne m'en a jamais parlé. De toute façon, maintenant, ça ne me concerne plus tellement, je ne peux plus revenir en arrière, il me reste juste trois ans à tirer, mais il faudrait avertir les jeunes... Finalement, on travaille pour vivre mais le travail peut nous tuer sans que personne nous prévienne. »

Ni lui ni aucun des couvreurs qu'il connaît n'ont été mis en garde par leur médecin du travail. Un silence qui s'explique d'abord par le manque d'indépendance de ces derniers vis-à-vis des directions d'entreprises dont ils suivent le personnel. Malgré la mobilisation de certains d'entre eux, qui réclament depuis des décennies une réforme de leur statut pour garantir leur indépendance, la situation n'évolue pas. Les gouvernements restent étrangement passifs face aux employeurs qui tiennent à leur pouvoir de contrôle. Aujourd'hui encore, si un médecin du travail les gêne, ils peuvent le remplacer quand ils veulent. En effet, ces médecins sont généralement salariés par des services interentreprises qui leur confient des portefeuilles d'employeurs avec le souci de conserver ces entreprises clientes dans leur giron. Quand ces dernières veulent se débarrasser d'un médecin qui soulève des problèmes de santé gênants parmi les salariés, on le renouvelle volontiers. Bien que la loi prévoie théoriquement qu'il soit indépendant, le conseil d'administration des services interentreprises étant sous le contrôle d'un conseil d'administration dirigé aux deux tiers par des représentants du patronat et d'un tiers de salariés, le médecin est rarement soutenu en cas de litige [1].

---

1. Laure Martin, « Médecine du travail : l'impossible autonomie », *Panorama du médecin* n° 5197, 5 octobre 2010.

Cette épée de Damoclès a été l'une des raisons du silence qui a si longtemps entouré les dangers de l'amiante. Certains médecins sont d'ailleurs aujourd'hui mis en examen pour avoir notoirement menti aux ouvriers exposés. L'affaire est loin d'être réglée et nombre de ces praticiens attendent anxieusement de voir comment va se terminer la procédure, car une condamnation ouvrirait la porte à d'autres procès.

La question de l'indépendance de la médecine du travail est si lourde d'enjeu que les lobbies patronaux se sont coalisés pour maintenir le *statu quo*. Le plus impressionnant, nous allons le voir, est la mainmise de ces groupes d'influence sur l'ensemble du système de prévention et de reconnaissance des maladies professionnelles. En amont, ils exercent toujours une pression sur l'évaluation toxicologique des substances incriminées, malgré le règlement REACH, mais leur pouvoir s'exerce plus fort encore sur tout ce qui se passe en aval : dans les usines et même dans les commissions où l'on décide des maladies reconnues comme professionnelles, et dans les instances qui examinent les dossiers des malades touchés par ces pathologies, de même que dans celles où l'on fixe les taux des indemnités accordées à la minorité de cas reconnus. Un système à plusieurs étages qui ressemble à une enfilade de goulots d'étranglement, un scandale qui est clairement apparu avec l'affaire de l'amiante[2].

---

2. Roger Lenglet, *L'Affaire de l'amiante*, Paris, La Découverte, 1996.

La seule branche excédentaire de la Sécu

Avec un tel système, on comprend mieux pourquoi le fonds patronal d'indemnisation - le fonds AT/MP (accidents du travail et maladies professionnelles) - est la seule branche de la Sécurité sociale qui soit toujours excédentaire. Étonnamment, les gouvernements et les grands partis politiques ne songent jamais à évoquer ce solde positif quand ils se plaignent du trou de la Sécu... Cet « oubli » devient sidérant quand il affecte la direction de l'Assurance maladie, les syndicats et les assureurs complémentaires, alors que les cas qui devraient légitimement être reconnus en maladie professionnelle sont finalement pris en charge par le régime général, celui qui souffre du fameux « trou ». La discrétion des mutuelles, qui paient aussi une partie importante de cette charge indue, n'est pas moins surprenante. La République recèle décidément bien des mystères. En tout état de cause, ce système d'imputation indue reste un extraordinaire tabou.

En fait, le Medef pèse de tout son poids pour qu'on ne réforme pas le dispositif qui veut que moins on compte de cas de maladies professionnelles reconnues, moins les employeurs versent d'argent à ce fonds. Au passage, ces derniers échappent à l'obligation d'investir dans les systèmes de protection et dans la prévention. On attend toujours le décideur politique qui s'attaquera à ce tabou criminel.

Autre aspect édifiant du dispositif: les grandes entreprises ont toujours caché leurs données sur la mortalité et les maladies graves de leurs salariés, malgré les demandes insistantes d'épidémiologistes et de toxicologues. Cette rétention d'informations a empêché les chercheurs d'identifier plus tôt la toxicité de certains produits et toutes sortes de risques professionnels qui auraient pourtant été aisément évitables.

Les lobbyistes industriels siégeant dans les instances où l'on décide d'élargir ou non le tableau des maladies professionnelles connaissent parfaitement les enjeux de cette rétention générale. En la prolongeant, ils ont pu continuer de dissimuler l'écart entre le nombre de maladies reconnues en lien avec les risques au travail et l'ampleur réelle des dégâts.

Ce secret a également permis de cacher les inégalités sanitaires liées au statut professionnel des employés. Inégalités si éloquentes que les lobbies patronaux redoutent qu'on les évoque. Il a fallu attendre 2003 pour découvrir, par exemple, que 30,9 % des ouvriers sont exposés à des cancérogènes dans le cadre de leur travail, contre 3,3 % chez les cadres, grâce à l'étude Sumer, une grande enquête nationale lancée par les autorités sanitaires françaises sous la pression des syndicats ouvriers et d'opiniâtres spécialistes de santé publique.

Cette stratégie globale, dont on sait aujourd'hui qu'elle est concertée, est criminelle non seulement pour les salariés mais aussi pour toute la population, car les ouvriers étant généralement les plus exposés sont, de fait, les sentinelles avancées de la santé publique vis-à-vis des substances délétères.

Les risques et le stress liés à la nature du travail, à ses conditions et aux expositions aux produits toxiques sont en effet à l'origine d'un problème de santé sur cinq, et même de près d'un sur deux pour certaines pathologies graves. Des épidémiologistes de l'Inserm (Institut national de la santé et de la recherche médicale) et de l'InVS (Institut de veille sanitaire) estiment que 13 à 29 % des cancers du poumon leur sont attribuables[3]. De même, 85 % des mésothéliomes (cancers de la plèvre, du péritoine ou du péricarde) sont dus à des expositions professionnelles à l'amiante[4]. Les expositions en milieu de travail sont responsables de 7 à 40 % des cancers ORL (fosses nasales, ethmoïde, nasopharynx, sinus de la face, larynx)[5]. Pourtant, à ce jour, le cancer du larynx n'est pas encore reconnu comme maladie professionnelle.

Au-delà des cancérogènes qui se comptent par dizaines, de nombreuses autres familles de toxiques (neurotoxiques, mutagènes, perturbateurs endocriniens, fœtotoxiques, reprotoxiques, etc.) se rencontrent aussi fréquemment dans les professions ouvrières les plus diverses et causent toutes sortes de maladies (neurodégénératives, cardiovasculaires, respiratoires, articulaires, musculaires, oculaires, auditives, cutanées, etc.). Ces affections touchent principalement

---

3. Ellen Imbernon, *Estimation du nombre de cas de certains cancers attribuables à des facteurs professionnels en France*, département santé travail - Institut de veille sanitaire, 2003, p. 12.
4. INRS, *Principaux Cancers d'origine professionnelle*, 17 février 2012, site officiel de l'INRS.
5. *Ibid.*

les catégories socioprofessionnelles les plus exposées aux produits toxiques, aux accidents physiques et aux sollicitations physiologiques excessives, c'est-à-dire le milieu ouvrier.

Pour la première fois, en 1996, l'année où l'opinion était secouée par la révélation des vrais chiffres des victimes de l'amiante au travail, des députés sensibles à cette honteuse dissimulation ont imposé la création d'une Commission sur la sous-déclaration des risques professionnels. Leur objectif était d'obliger le fonds AT/MP des employeurs à reverser à la branche maladie de la Sécu la centaine de millions d'euros qu'elle dépense indûment chaque année. Mais le lobbying des grands acteurs économiques est parvenu à limiter ce reversement. Résultat : le montant de la charge indue continue de s'aggraver et il s'élève aujourd'hui à plus d'un milliard d'euros.

Pourtant, les rapports de cette commission établissent un diagnostic sans appel sur les causes de cette situation :

– les pressions de l'employeur et/ou du médecin du travail ;

– la réticence des victimes à déclarer leurs atteintes par crainte de perdre leur emploi. Une crainte le plus souvent justifiée, comme le relève la commission qui note qu'en France, 130 000 licenciements par an sont prononcés suite à une déclaration d'affection ;

– les insuffisances du tableau des maladies professionnelles ;

– les trop grandes réticences des commissions étudiant les dossiers ;

– la sous-évaluation de la gravité des incapacités reconnues (qui permet de réduire les pensions liées au taux d'invalidité) ;

– la faiblesse du suivi post-professionnel laissant de côté les affections qui n'apparaissent qu'après un certain temps de latence, c'est-à-dire après la retraite. Notons à ce sujet que le médecin de ville, s'il pense souvent à interroger son patient sur son comportement (tabagisme, alimentation), oublie en revanche souvent de se préoccuper de son exposition professionnelle passée à des produits toxiques ;

– l'ignorance du malade ou le découragement face à la complexité de la démarche.

Du fait de ces dysfonctionnements, les personnes atteintes continuent à travailler sur des postes qui aggravent la pathologie, les malades sont orientés vers des médecins qui n'ont pas reçu de formation aux pathologies professionnelles[6], et les retards de diagnostics se multiplient, avec les réponses inadaptées et de coûteux tâtonnements. Cette sous-évaluation de la morbidité liée aux conditions de travail a encore fortement empiré depuis le début des années 2000, selon le rapport officiel établi tous les trois ans pour analyser la situation[7].

---

6. *Ibid.*, p. 11.
7. *Ibid.*

La dernière fois
que j'ai vraiment fait grève,
il y a plus de quarante ans...

Les syndicats, nouvelles cibles des grands groupes

Jean, l'un des oncles de Cécile, est agent de maintenance dans une grande entreprise de chauffage. La paix sociale y a toujours régné. « La dernière fois que j'ai fait grève, il y a plus de quarante ans, c'était à l'initiative de syndicalistes qui n'attendaient pas d'avoir le feu vert de leur confédération pour agir. Beaucoup de choses n'allaient pas, notamment en matière de risques. Les chauffagistes avaient le nez dans l'amiante dès qu'ils ouvraient une chaufferie, pour ne pas parler de la poussière de plomb qui faisait aussi des dégâts. L'affaire a tourné en grève générale dans ma boîte, mais les permanents syndicaux nous ont fait reprendre le travail alors que nous n'avions rien obtenu de la direction. Pourtant, nous n'avions jamais été aussi mobilisés. Tous les salariés étaient unis, tous syndicats confondus ! En voyant ça, on a été nombreux à déchirer notre carte, à la CFDT, à la CGT, à FO... C'était dans les années 1970. »

Des comités d'expertise montés par des lobbyistes

À l'époque, l'Union des industries et métiers de la métallurgie (UIMM) était aux commandes du Centre national du patronat français (CNPF), l'ancêtre du Medef. Ce lobby industriel, le plus puissant d'entre tous, était directement concerné par le problème des maladies professionnelles liées aux métaux toxiques (plomb, cadmium, mercure, aluminium, etc.) et aux fibres minérales, tout particulièrement l'amiante et les laines de roche que le secteur produisait, transformait et introduisait dans des milliers d'applications. Il s'était empressé d'étouffer le scandale qui menaçait d'exploser lorsque des syndicalistes de l'université de Jussieu, dont le toxicologue Henri Pézerat, s'étaient mobilisés contre l'amiante[8]. Des représentants de l'UIMM et de ses principaux industriels, dont Saint-Gobain et Eternit, avaient négocié une révision des normes, fixant un nouveau taux d'empoussièrement à l'amiante et créé une structure d'expertise sur le sujet qui s'était aussitôt employée à rassurer les curieux[9].

Ils confièrent plus tard à une agence de lobbying – Communications économiques et sociales (CES) – dont le nom passablement trompeur fait songer à l'honorable institution du Conseil économique et social (CES)[10], le soin de monter un «groupe d'ex-

---

8. Voir Collectif intersyndical Sécurité des universités Paris VI et Paris VII-CGT-CFDT-FEN, *Danger, amiante*, Paris, Maspero, 1976.
9. Voir Roger Lenglet, *L'Affaire de l'amiante, op. cit.*
10. En 2008, il a pris le nom de Conseil économique social et environnemental (CESE).

perts» réunissant des médecins triés sur le volet, des représentants des industries (dont l'Association internationale de l'amiante), des syndicats (sauf Force ouvrière), des associations et des ministères.

Grâce au savoir-faire de l'agence et à son carnet d'adresses, chaque produit sensible a eu son «groupe de travail» apaisant: le Comité permanent amiante (CPA), le Comité permanent chlore (CPC), le Comité permanent plomb (CPP)... Les syndicalistes participants ne se sont pas distingués par leur rébellion (ils expliquent aujourd'hui leur paralysie par le chantage à l'emploi des industriels qui les menaçaient de fermer les usines et par la crédibilité apparente des scientifiques). Tout au contraire, ces comités ont entretenu un consensus attendrissant et l'illusion d'un dialogue social, malgré les mises en cause qui se multipliaient dans les milieux de la recherche internationale en toxicologie et en épidémiologie.

Le Comité permanent amiante (CPA), créé par cette agence et par le directeur de l'Institut national de recherche et de sécurité (INRS), Dominique Moyen, a été dissous en 1996, quand le gouvernement a été contraint d'interdire le minéral. Les syndicats et les ministères s'en sont discrètement retirés l'année précédente, dès que l'amiante a fait la une des médias. Le CPA avait non seulement perdu tout crédit mais il laissait apparaître le système mis en place par le lobby industriel pour capter l'expertise. Les autres comités ont cependant continué à fonctionner, notamment celui sur le chlore, qui a géré avec la même duplicité le problème posé par les piscines (voir p. 187-198).

Communications économiques et sociales (CES) travaillait aussi pour le lobby des cigarettiers et celui des firmes pharmaceutiques. Il organisa même en 1992 le fameux «Appel d'Heidelberg aux chefs d'État» réunissant des signatures de scientifiques aussi prestigieux que manipulables pour contester la valeur des sciences de l'environnement, nier l'existence des menaces des produits polluants sur la santé humaine et sur la planète, et demander la neutralisation du mouvement écologiste [11]. En 2012, des documents de l'industrie du tabac permettront d'identifier que cet «appel» avait été initié par l'industrie de l'amiante et soutenu financièrement par les cigarettiers auprès du CES [12].

Mollesse syndicale et perfusions financières

Jean trouve que, sur le plan syndical, les choses sont devenues aujourd'hui encore plus incompréhensibles. «Alors que tous les ouvriers devraient être dans la rue, les syndicats sont devenus tout mous, ils encaissent toutes les réformes de droite en bronchant à peine...»

Il s'énerve quand il entend parler de désyndicalisation: «À force de s'entendre avec les organisations patronales, les syndicats ouvriers nous perdent, voilà

---

11. «L'Appel d'Heidelberg, une initiative fumeuse», Stéphane Foucart, *Le Monde*, 16 juin 2012.
12. *Ibid.*

la vérité. Les maladies professionnelles et les accidents continuent comme avant. J'ai même lu que ça augmentait. Je connais des veuves qui n'ont été soutenues par personne pour faire reconnaître la maladie de leur mari intoxiqué à leur travail. Les gens sentent que ce n'est pas clair. Les syndicats ne bougent pas assez, ils ont asphyxié le mouvement ouvrier avec tous leurs compromis. »

Il cite des collègues qui partagent son point de vue et aborde le versant social en pointant des arrangements qui, selon lui, n'ont pas grand-chose à voir avec l'intérêt des salariés. Sans le savoir, Jean égrène des vérités qui recoupent à la perfection les analyses d'historiens du mouvement ouvrier et du syndicalisme. Et les chiffres lui donnent raison : au cours des trente dernières années, le nombre de syndiqués a été divisé par cinq, tandis que le nombre des permanents syndicaux a été multiplié par cinq [13]. Ce paradoxe laisse voir la désaffection des salariés pour ces organisations : le taux de syndicalisation en France est le plus faible des pays d'Europe, il est tombé à moins de 7 % [14]. À titre indicatif, il est de 65 % chez notre voisin belge, et dépasse les 80 % dans les pays scandinaves. En Suède, il est de 83 %, ce qui représente 900 millions d'euros d'apports, c'est-à-dire cinq fois nos ressources syndicales – alors que le PIB de la France est sept fois supérieur au PIB suédois. Certes, le système d'adhésion est plus incitatif

---

13. Dominique Andolfatto et Dominique Labbé, *Toujours moins ! Déclin du syndicalisme à la française*, Paris, Gallimard, 2009.
14. *Ibid.*

que le nôtre, mais le fait que nos « partenaires sociaux » et nos gouvernements ne songent pas à s'en inspirer, préférant répéter que la désyndicalisation est le symptôme d'un « individualisme grandissant », trahit en réalité le confort de la situation pour les lobbies patronaux et les dirigeants politiques.

Rares sont les observateurs qui sont allés jusqu'au bout de l'enquête. La question de savoir comment les syndicats français financent leurs organisations et leurs permanents, puisque les cotisations ne représentent plus qu'une partie si négligée que les organisations ne se soucient souvent même plus d'aller les récolter auprès des syndiqués, permet d'éclairer les raisons de leur inertie et de leur passage du syndicalisme de lutte au « syndicalisme de négociation », pour ne pas dire « d'accompagnement » ou de « signature[15] ». La réalité du rapport de force peut tenir désormais dans une formule : près de 50 % du financement des syndicats proviennent discrètement de la direction des grosses entreprises dans de nombreux secteurs en échange de la « paix sociale ». Et environ 30 % supplémentaires s'y ajoutent *via* les soutiens des collectivités territoriales, les jetons de présence des innombrables conseils d'administration, la participation à la gestion des organismes publics (le 1 % logement, les caisses de retraites, Pôle emploi, l'Assurance maladie...), le budget « formation continue », etc. Une situation qui sert aussi de chantage aux gouvernements, lesquels

---

15. Voir à ce propos Roger Lenglet, Christophe Mongermont et Jean-Luc Touly, *L'Argent noir des syndicats*, Paris, Fayard, 2008.

obtiennent une attitude conciliante des organisations en menaçant de redistribuer les cartes compte tenu de l'affaiblissement de leur représentativité.

La situation des syndicats est comparable aujourd'hui à celle de nombreuses associations qui, acceptant les subventions de lobbies qu'elles sont censées tenir en respect, sont condamnées à de simples rodomontades ou à une théâtralité médiatique destinée à maintenir leur crédibilité devant leurs propres adhérents.

À l'aune de ces données, une autre lecture de la crise du syndicalisme se dessine. Contrairement aux apparences liées à la médiatisation de certaines mobilisations, la grève, l'occupation des entreprises et la manifestation de rue sont en passe d'être reléguées au musée des actions ouvrières abandonnées. Le recours à la grève, par exemple, qui a pourtant toujours été l'instrument de croissance de la syndicalisation, note l'historien du syndicalisme Stéphane Sirot, s'est complètement effondré depuis les années 1980, délégitimé par les centrales syndicales elles-mêmes dans leur discours et leur zèle à justifier exclusivement la négociation [16]. Les grèves dans les services publics, tout particulièrement celles des transports, et les journées de grève nationales purement rituelles sont l'arbre qui cache la forêt. Le plus souvent, cette forme de lutte qui a permis d'arracher la plupart des droits fondamentaux des salariés

---

16. Stéphane Sirot, *Le Syndicalisme, la Politique et la Grève. France et Europe, XIXᵉ-XXᵉ siècles*, Nancy, Éditions Arbre bleu, 2011, p. 189-202.

(congés payés, droits du travail, retraite, chômage, assurance maladie, etc.) n'est plus désormais utilisée que par des syndicalistes qui refusent d'obéir à leur hiérarchie confédérale. Cela donne lieu à des guerres intestines qui se soldent par des hémorragies de militants préférant rejoindre des organisations plus libres de mouvement, comme Sud-Solidaires, qui échappe encore aux perfusions financières des entreprises et de l'État [17].

L'affaire de l'UIMM, révélée en 2007 à la suite d'une guerre ouverte entre lobbies financiers et lobbies industriels pour la prise de pouvoir au sein du Medef [18], a permis de mettre en lumière les pratiques de cette structure qui a longtemps dirigé le CNPF et qui est restée l'un des principaux poids lourds du Medef. Les millions d'euros en liquide que son dirigeant, Denis Gautier-Sauvagnac (surnommé jusqu'alors « le véritable ministre des Affaires sociales ») destinait à la « fluidification des relations sociales », selon ses propres termes tenus aux inspecteurs de la brigade financière, ne sont hélas qu'une petite partie de la réalité.

L'enquête de terrain que j'ai pu mener dans de nombreuses entreprises publiques et privées avec

---

17. L'historique de ce phénomène est retracé dans Roger Lenglet, Christophe Mongermont et Jean-Luc Touly, *L'Argent noir des syndicats, op. cit.*
18. Le secteur bancaire et plus généralement celui des entreprises de service s'est emparé du Medef en portant à sa tête Laurence Parisot et en fragilisant la position de l'UIMM jusqu'alors à la présidence. Denis Gautier-Sauvagnac était le représentant le plus puissant de l'UIMM. Il est aujourd'hui démontré que les informations qui ont déclenché l'enquête de Tracfin et les investigations de la brigade financière leur ont été délivrées par la banque BNP-Paribas.

les syndicalistes Jean-Luc Touly et Christophe Mongermont a révélé qu'il s'agit en fait d'un «sport national». Elle confirme la confession d'Yvon Gattaz, l'ancien dirigeant du CNPF, qui qualifie cette fluidification destinée aux partenaires sociaux de «pratique banale[19]». Les grandes organisations syndicales ne peuvent en reconnaître la réalité sans perdre définitivement leur légitimité.

Les procès internes qui opposent les syndicalistes vraiment actifs à leur fédération ne se comptent plus, et ce dans tous les secteurs (immobilier, ménage, énergie, eau, transport...). À chaque fois, l'investigation révèle que le retournement des structures contre leurs propres militants jugés trop actifs est l'effet d'une instrumentalisation par les entreprises et leurs lobbies. Les élections de délégués arrangées avec les directions, les publicités généreusement payées dans les revues syndicales, les cadeaux directement consentis aux permanents sous la forme de versements illégaux, d'emplois fictifs, d'avantages sociaux effarants, de «primes» exubérantes et de dons matériels ne sont pas des légendes mais des pratiques si banalisées que leurs bénéficiaires s'étonnent quand on le leur reproche, même devant les tribunaux. Ainsi, lors d'un procès qui m'a opposé à des syndicalistes cégétistes, lesquels m'attaquaient pour avoir épinglé avec Jean-Luc Touly la généralisation de ces dérives dans le secteur de l'eau, mes adversaires se défendaient en

---

19. Roger Lenglet, Christophe Mongermont, *op. cit.*

affirmant que cela se pratiquait déjà sous la direction du PDG précédent, et même avant[20]...

Autre pratique en pleine expansion, l'achat du mandat des élus syndicaux contre leur départ. Des avocats spécialisés dans ce genre de transactions confient que cette méthode de neutralisation du syndicalisme, très développée aux États-Unis, a pris d'énormes proportions dans l'Hexagone depuis les années 1990. Généralement, les choses se règlent entre l'avocat du syndicaliste et celui de l'entreprise, autant dire dans une ambiance feutrée, même s'il arrive que la transaction fasse suite à une guerre d'usure éprouvante.

Malgré le silence qui entoure habituellement ces arrangements, l'une d'elles a laissé des traces instructives dans la jurisprudence, suite à un retournement inattendu. Marc Costes, ancien délégué syndical CFDT, délégué du personnel et secrétaire du comité d'entreprise d'un laboratoire pharmaceutique, a été condamné en juillet 2002 pour avoir accepté de se démettre de ses mandats électifs et d'être licencié en échange de 150 000 euros. Le burlesque, dans ce dossier, était que l'employeur se posait en plaignant et avait lancé ce procès pour récupérer la somme, furieux que l'homme ait utilisé cet argent afin de monter une agence de conseil pour des firmes pharmaceutiques

---

20. Nous avons gagné le procès devant la chambre d'appel du TGI de Paris, le 7 septembre 2005. L'attaque concernait le livre de Roger Lenglet et Jean-Luc Touly, *L'Eau de Vivendi. Les vérités inavouables*, Paris, éditions Alias Patrick Lefrançois, 2003. Cour d'appel, XXIe chambre, section A, jugement arrêt du 7 septembre 2005, ref. 05/00825.

concurrentes. Le jugement définitif, tout aussi ahurissant, a tranché en faveur de l'employeur, en obligeant l'ex-syndicaliste à lui rendre l'argent au motif qu'il n'avait pas le droit de vendre son mandat, propriété des salariés qui le lui avaient confié.

Deux collègues du même syndicat, achetés en même temps que Marc Costes pour un montant similaire, n'ont pas été inquiétés par le laboratoire car ils se sont bien gardés d'investir leur trésor dans le même secteur.

La bombonne d'eau

Plastic blues

À son bureau, Cécile boit un gobelet d'eau en passant devant la bombonne que la direction met à la disposition des salariés. Chaque étage de l'entreprise possède la sienne depuis une dizaine d'années. Auparavant, chacun devait apporter sa propre bouteille d'eau ou choisir entre le distributeur de boissons payantes et l'eau du robinet des toilettes.

Comme ses collègues, Cécile s'en réjouit et y voit un progrès. Mais, comme eux, elle ignore que pour remplir ces bombonnes, la société Châteaud'eau s'alimente à des sources dont la traçabilité n'est pas accessible au public. Avant 2010, elle pompait à 700 mètres de profondeur une nappe phréatique qui s'étend sous Paris, la nappe de l'Albien, grâce à la bienveillance de Jean Tiberi qui lui avait concédé l'exploitation en 1997, alors qu'il était maire de la capitale et que l'entreprise appartenait encore au groupe Danone. Une réserve naturelle très ancienne et d'une qualité exceptionnelle grâce au filtrage des couches géologiques, l'eau de surface mettant 18 000 ans pour les traverser avant d'atteindre la nappe. Le point de pompage se situait dans le XVIᵉ arrondissement de Paris, boulevard Lamartine.

Sans prétendre épuiser tous les arguments que Danone a employés pour convaincre Jean Tiberi, l'un d'eux a permis de rendre l'opération présentable au conseil municipal d'alors : en échange de ces largesses, le groupe s'engageait en effet à constituer et à stocker des dizaines de milliers de bombonnes d'eau, pour garantir un approvisionnement en cas de pénurie. Une prévoyance peut-être louable mais qui n'explique pas le choix d'avoir confié la gestion du problème à ce producteur privé, choix qui posait par ailleurs le problème du stockage durable de cette eau dans du plastique.

Cette générosité parisienne a pris fin en février 2010, sous la pression d'associations et d'élus du conseil municipal qui venaient par ailleurs d'obtenir que la capitale passe en régie publique pour délivrer à la population une eau moins chère et plus sainement gérée, chassant Veolia et Suez.

La qualité de l'eau de ces bombonnes et de celles ordinairement vendues par l'entreprise fait aujourd'hui l'objet de questions légitimes. D'une part, son contrôle sanitaire est assuré par un laboratoire privé (appartenant à Danone) alors que ce type de contrôle est généralement réalisé par les ARS (Agences régionales de santé). Sans mettre en cause l'honnêteté du laboratoire, chacun est en droit de se demander comment le producteur d'eau a pu jouir d'une telle libéralité. D'autant plus qu'à plusieurs reprises, cette situation a permis des dérives. En 2007, des employés du groupe ont constaté qu'une panne avait entraîné la stagnation de l'eau dans une cuve. Alors que la procédure prévoit officiellement de vider les cuves et de les désinfecter, l'eau a été commercialisée[21].

Une autre fois, malgré le signalement par le laboratoire d'une contamination par des bactéries (*pseudomonas aeruginosa*) suffisamment dangereuses pour demander la neutralisation de milliers de bombonnes, la direction de l'entreprise a préféré les écouler, comme l'a révélé l'enquêteur Sylvain Lapoix, documents à l'appui[22]. Un contrôle public aurait logiquement donné lieu à une notification accessible aux autorités et contraint Châteaud'eau à se conformer à la règle, qui prévoit d'éliminer le stock contaminé. Mais la proximité entre contrôleurs et contrôlés (dans ce cas ils sont issus de la même entreprise, Danone), voire leur interdépendance, favorise tôt ou tard des discrétions.

Les lobbies industriels n'hésitent pas à créer des institutions de toutes pièces et à leur donner l'apparence d'organismes publics. Depuis la fin des années 1960, l'État a pris l'habitude de leur confier la mission d'évaluation de la toxicité des produits chimiques et de proposition des normes. C'est le cas pour l'Institut national de recherche et de sécurité (INRS), dont

---

21. Acme-France, communiqué de presse des associations amies de l'Acme, www.acme-eau.org.
22. « Les eaux troubles de Châteaud'eau », Sylvain Lapoix, www.owni.fr, 7 juillet 2011.

les chercheurs ont régulièrement subi des pressions répétées, sans compter l'obstruction à la diffusion de résultats explosifs mettant en évidence de nombreuses victimes de produits toxiques (voir p. 149).

Au-delà du problème de traçabilité, ces bombonnes d'eau attirent des suspicions liées au fait qu'elles sont systématiquement réutilisées après leur nettoyage, contrairement aux bouteilles en plastique jetables. Or leur dégradation facilite la migration des composants du plastique dans l'eau, comme le polyéthylène téréphtalate (PET) et le bisphénol A. Autre source d'inquiétude, les produits utilisés pour le nettoyage comportent fréquemment des cancérogènes. Sensibles à ces aspects troublants, certains établissements ont choisi de s'en débarrasser et utilisent des fontaines réfrigérantes branchées sur l'eau courante.

Gobelets jetables

Qu'en est-il des distributeurs de café et de boissons? Une démarche responsable doit conduire à se pencher sur la sécurité des gobelets en plastique, surtout lorsqu'ils reçoivent un liquide brûlant au point d'entraîner leur contraction. Il n'est pas raisonnable de boire dans des objets composés de dérivés du pétrole et d'acide polylactique soumis à de telles épreuves. Les gobelets en polystyrène expansé qu'on trouve aussi sur le marché, censés mieux protéger contre la chaleur, peuvent libérer des neurotoxiques sous l'effet des boissons chaudes, comme le styrène, facteur d'agression neuronale et classé comme cancérogène pour l'homme par les instituts nationaux de la santé américains (NIH), notamment lorsqu'il est ingéré. Certes, les doses avalées sont très faibles. Mais c'est la multiplication des faibles expositions qui pose justement problème. Notons que l'environnement n'apprécie pas davantage ces gobelets, puisqu'ils mettent 150 ans à se dégrader.

Qui se cache donc derrière ces bouteilles et ces gobelets qui tardent tant à émouvoir les autorités sanitaires ? L'industrie pétrolière, pour l'essentiel, bien représentée au sein des commissions et assez armée pour obtenir l'aval des autorités. En fait, l'ensemble du secteur de la plasturgie apporte au lobby pétrolier un important débouché. La fabrication d'un simple gobelet exige en moyenne 3,2 g de pétrole, selon le Massachusetts Institute of Technology[23]. À elle seule, Cécile en utilise cinq ou six par jour (cafés compris), puisqu'elle jette à chaque fois son gobelet. Rien qu'à son étage, où travaillent plus de 30 personnes, cela représente environ 40 000 gobelets à l'année, soit 128 kg de pétrole brut. Au niveau mondial, la production de gobelets représenterait près de 1 % de la consommation de pétrole.

Suffit-il, dans ce cas, de les remplacer par des gobelets en carton ? Non. Leur production, contre toute attente, exige 1 g de pétrole de plus par unité et deux

---

23. Cité par le *Guide méthodologique pour l'utilisation du calculateur d'empreinte écologique adapté au secteur de l'événement*, Institut bruxellois pour la gestion de l'environnement, août 2009.

fois plus d'eau. Ils sont en outre revêtus d'une pellicule de polyéthylène pour éviter l'effet buvard.

Une étude néerlandaise sur la pollution et le coût énergétique liés aux gobelets en plastique, souvent citée par les producteurs, conclut qu'ils restent malgré tout la solution la plus économique et la plus respectueuse de l'environnement, compte tenu de la quantité d'eau et des agents nettoyants utilisés pour laver les tasses, et de l'énergie nécessaire pour produire ces dernières[24]. En l'examinant de près, toutefois, il apparaît qu'elle a été financée par... une société spécialisée dans le recyclage des gobelets. Son examen attentif révèle par ailleurs que la comparaison repose sur le présupposé qu'une tasse en verre ou en céramique ne serait pas utilisée si durablement qu'on le croit car elle finit par se casser. Or, sur un temps plus long, la conclusion s'inverse et les résultats confirment la validité de l'intuition commune préférant les matières durables. La guerre des études est désormais engagée sur la durée moyenne de survie d'une tasse...

Le commerce des gobelets jetables s'étend aujourd'hui sur tous les continents, les entreprises et les collectivités n'ayant pas encore opté pour une alternative. La pollution générée par ce produit pour sa fabrication et sa destruction est planétaire. Même les circuits de recyclage sont coûteux et polluants.

Certains employés ont trouvé la parade en préférant apporter leur verre et le conserver au bureau plutôt

---

24. TNO-BOUW en Ondergrond, étude *Mug*, Apeldoorn, Pays Bas, réalisée pour le compte de Stitching Disposable Benelux, 2007. Cette étude repose notamment sur les travaux de Martin B. Hocking.

que de céder à l'empire des gobelets. Mais l'idée que les collectivités et les entreprises feraient des économies en incitant leurs salariés à le faire, ou en distribuant gratuitement, une fois pour toutes, un verre incassable à leurs employés, n'a pas encore germé.

Le potager de Cristina

Des semenciers très gourmands

Cristina manque d'air à Paris. La campagne, la complice de son enfance, lui manque. Les fleurs, les arbres, la nature tout entière semblent lui envoyer le message, chaque jour plus pressant, de revenir à leur côté, comme s'ils avaient besoin d'elle. Elle sait en prendre soin et les accompagner. Son grand-père lui a appris une quantité de petits secrets qu'elle n'a pas oubliés, bien qu'elle ait passé la plus grande partie de sa vie dans les trains et les avions, à parcourir le globe.

Elle a entretenu un petit potager dans sa jeunesse, avant que le monde et les amours la poussent ailleurs. Aujourd'hui, elle regarde toujours les légumes vendus en supermarché avec une profonde tristesse: leur régularité, leur taille standard et leur peau immaculée lui laissent deviner l'industrialisation féroce des productions. Elle a suivi avec attention le réveil des consommateurs et la naissance des cultures dites « bio » qui, pour elle, est un retour tout simple à des cultures naturelles.

Au début de l'année 2000, quand Cristina a eu l'opportunité d'acquérir une petite ferme à 300 km de Paris, elle a aussitôt songé à cultiver un potager. D'autant plus que, fait exceptionnel, la maison et le grand jardin n'étaient plus habités depuis 1898. Plus d'un siècle d'abandon aux envahissements végétaux et animaux les plus divers avait permis à la terre de s'enrichir des cycles du vivant. Une aubaine, une joie, une belle aventure.

Il a fallu remonter la maison, qui n'était en réalité qu'une merveilleuse ruine, et créer de zéro un potager sur ce terrain vierge qui avait développé sa propre autarchie végétale : une couche de mousse et de lierre, de l'angélique se dressant à 50 cm, des arbustes démesurés, des pruniers et des sureaux de 3 m, et puis des frênes gigantesques. Une végétation épaisse et magnifique. Cristina a dû mobiliser des amis pendant plus de deux semaines pour y voir plus clair.

Petit à petit, à coups de bêche, elle est enfin parvenue à voir naître ses salades, ses betteraves, ses patates, et surtout ses carottes. Des légumes biscornus, issus d'une véritable terre, incurvés par la rencontre des cailloux. « Des légumes qui ont eu une vraie vie » dit-elle. Pas comme ces choses conçues pour aguicher les clients, sorties des circuits réfrigérant et irradiant pour prolonger leur apparence, dissimulant leur cœur insipide et plein d'eau.

Quand elle passe la voir, Cécile, sa nièce, a droit à une partie de son trésor. Elle sait que Cristina applique les principes du grand-père, qui regardait d'un mauvais œil, dès les années 1960, les substances chimiques de l'industrie leur promettant des récoltes folles.

Ses légumes ont aussi une autre singularité. Cristina utilise surtout ses propres semences et celles de ses amis. Une habitude qui lui vient aussi de son grand-père. Cristina refuse de se limiter aux semences « bio » proposées dans les grandes surfaces de jardinage de la région : trois espèces de carottes, deux de radis noir, un maigre choix. Une amie est d'abord venue à la rescousse avec les semences d'une association, Kokopelli, distribuant plus de 2 200 variétés de plantes potagères, céréalières, médicinales, condimentaires, ornementales et une gamme de semences très peu cultivées, peu connues, voire en voie de disparition, alors que ces graines reproductibles participent à l'autonomie alimentaire des peuples des pays en développement.

La première expérience eut lieu avec des haricots verts assez larges et sans fil, très féconds et d'une saveur inouïe. Puis d'autres suivirent, faisant ressurgir les goûts de son enfance et élargissant son horizon.

Des lobbies qui s'enracinent dans nos jardins

Un jour, au début des années 2000, Cristina a appris que l'association Kokopelli était entrée dans la ligne de mire des grands semenciers, bien décidés à ne pas laisser se développer un réseau de citoyens s'échangeant les graines et les envoyant gracieusement dans les pays pauvres. Le lobby agricole s'était mis en ordre de marche pour obtenir une législation européenne et nationale favorisant le business des graines brevetées au détriment des naturelles.

De fait, le Groupement national interprofessionnel des semences et plants (GNIS) et la Fédération nationale des professionnels des semences potagères et florales (FNPSP), appuyés par 6 000 procès-verbaux dressés par les services de la répression des fraudes contre l'association, s'étaient alliés pour la traîner devant les tribunaux. Le semencier Baumaux était aussi monté au créneau en demandant la suspension des activités de Kokopelli et une sanction financière de 100 000 euros devant le tribunal de grande instance (TGI) de Nancy[25].

Consciente de la stratégie de lobbying se cachant derrière ces attaques, l'association a saisi la Cour de justice de l'Union européenne, juridiction suprême de l'UE, pour qu'elle se prononce sur la validité de la législation européenne concernant le commerce des semences potagères au regard de certains principes fondamentaux de l'Union européenne et du Traité international sur les ressources phytogénétiques pour l'alimentation et l'agriculture (TIRPAA). Les enjeux de cette contre-attaque étaient considérables : le jugement rendu déciderait de la possibilité de l'appropriation du vivant et de la sauvegarde de la biodiversité de nos potagers.

Tout aussi conscient des enjeux et du caractère historique de la procédure, la société Baumaux s'est

---

25. L'affaire était toujours en cours au printemps 2013.

opposée à cette demande, en la qualifiant de « cheval de Troie », une expression que les lobbyistes emploient habituellement pour nommer leurs propres techniques d'intrusion auprès des pouvoirs publics. L'European Seed Association (ESA), le lobby des semenciers où l'on retrouve Monsanto, Bayer et Limagrain, parmi d'autres, n'est pas resté inactif. « L'ESA a écrit un courrier à la Cour de justice européenne pour faire pression, explique Blanche Magarinos-Rey, l'avocate de Kokopelli, alors qu'elle n'avait pas le droit de le faire. Et nous savons que ce courrier a été longtemps conservé avant d'être retourné à l'ESA, ça pose question[26]... » Son trouble est légitime. L'avocate s'interroge aussi sur le rôle que joue le ministère français de l'Agriculture, qui a placé Isabelle Clément-Nissou auprès de la Commission européenne pour lui apporter son concours, alors qu'il s'agit d'une collaboratrice du Groupement national interprofessionnel des semences et plants (GNIS).

Finalement, la Cour a débouté l'action des militants. Elle a désavoué du même coup son propre avocat général qui donnait raison à l'association Kokopelli et estimait que la loi européenne sur les semences viole les principes de non-discrimination et de libre circulation des marchandises. « Nous avons encore d'autres recours et nous ne baisserons pas les bras », explique Blanche Magarinos-Rey qui attend désormais le jugement du TGI de Nancy.

---

26. Entretien avec l'auteur, 10 mars 2013.

Alors que Cristina se réjouissait à l'idée de découvrir doucement l'immense variété de graines sauvées par les efforts de l'association, le couperet se présentait donc sous la forme du brevetage du vivant généralisé par les firmes de biotechnologie. La privatisation du monde en marche venait peser jusque dans son jardin. Son seul droit désormais était de sauvegarder individuellement des graines, sans d'ailleurs être sûre que ce droit survivrait longtemps.

En guise d'intrans, la jardinière arrose les pousses avec une recette miracle utilisée depuis des siècles à travers le monde, du purin d'ortie, un fortifiant naturel des végétaux qu'elle fabrique elle-même en laissant macérer une bonne dose de feuilles d'ortie dans un seau d'eau pendant cinq semaines. Ce produit inoffensif pour la santé des mammifères est l'un des innombrables cadeaux que la nature nous apporte sans demander un euro et sans rien attendre. Des orties, Cristina n'en manque pas puisqu'elle se plaît à ne pas couper les prétendues mauvaises herbes, qu'elle sait ne pas être mauvaises du tout. D'autant plus qu'elle en fait des soupes.

Cristina a le sentiment que l'esprit de son grand-père encore présent dans ce jardin la supplie d'agir. Elle a même parfois la vive impression que les plantes y ajoutent leur voix pour s'inquiéter de leur disparition programmée.

Au début, quand elle a parlé de ses craintes au voisin, il a ironisé. Pour lui, le paysage idéal est celui d'un gazon traversé par une allée de gravier blanc. Il utilise le fameux herbicide Roundup pour exterminer les rebelles. Elle le voit parfois, à l'aube, avancer sur ses gravillons, tête basse, guettant la moindre petite herbette intrépide. Plif, un petit jet par-ci, plif plif, un autre jet par là, sans la moindre précaution pour éviter de contaminer les plantes grimpant sur le mur qui sépare les deux propriétés.

Un jour, il a même interpellé Cristina en lui reprochant de laisser pousser des herbes sauvages dont les spores emportées par le vent «contaminaient le gazon». Quand elle a évoqué les méfaits des pesticides, il a levé les yeux au ciel en lui disant: «Non, il n'y a pas de risque avec celui-là, c'est clairement indiqué sur l'étiquette, ça tue seulement l'herbe qui est visée, il descend dans les racines et ne va pas plus loin. D'ailleurs, vous pouvez en mettre toute l'année, avant les semis de printemps et les semis d'automne... C'est complètement biodégradable, lisez vous-même...»

En disant cela, il a cherché sur l'étiquette la phrase pour lui mettre sous le nez: «Attendez, je vais vous montrer, c'est par là... Ah, c'est énervant ces mentions en caractères minuscules... Enfin, voyons, c'est bien marqué, zut, ça doit être par ici...» Il a relu l'étiquette plusieurs fois, en vain, le visage se décomposant comme s'il y engageait sa crédibilité, tournant et retournant encore le pulvérisateur pour trouver le mot enfui: «Ah ben, décidément, ça n'y est plus, nom d'une pipe, je l'ai pourtant pas inventé, ils l'ont enlevé, nom d'un chien, je ne comprends pas...»

Coupant là, il s'est dirigé d'un pas décidé vers son garage, d'où il est ressorti, après un long moment, en brandissant un autre pulvérisateur de Roundup. «Ah, je ne suis pas encore fou, merde, c'est bien marqué sur celui-ci! Regardez: bio-dé-gra-da-ble!»

Cristina a demandé à regarder l'étiquette elle-même: «Vous avez raison, ça figure bien sur celui-là, mais pourquoi ils l'ont enlevé? Peut-être que finalement ils se sont aperçus que ce n'est pas biodégradable!» Le visage de l'homme a viré au rouge.

Le lobbying derrière les étiquettes

Cristina a poursuivi sa lecture de l'étiquetage qui comportait des paragraphes plus petits, pas franchement rassurants. Elle y reviendrait plus tard, pour laisser au voisin le temps de reprendre sa respiration. Visiblement, cette affaire de biodégradabilité le perturbait profondément. Une vraie blessure narcissique. Soudain, l'improbable s'est produit, il a pris une voix de tête pour s'écrier: «Si ce que vous dites est vrai, je m'engage, je le jure, j'écris au vendeur pour lui dire que ce n'est pas... que c'est absolument inadmissible et... De toute façon, je vous invite à déjeuner dimanche pour me faire pardonner.»

En imaginant que Monsanto s'était peut-être révisé en découvrant que son produit n'avait rien de biodégradable, Cristina frôlait la vérité. Elle ignorait simplement que la firme n'avait pas franchement pris l'initiative du retrait. Une condamnation était tombée en 2008 pour «publicité mensongère[27]».

---

27. Condamnation par le tribunal correctionnel de Lyon, janvier 2007,

Jusque-là, la multinationale aurait pu éviter de mentir puisqu'un jugement l'avait condamnée pour le même motif aux États-Unis douze ans auparavant[28]. Mais le géant espérait que les Français ne réagiraient pas, ou tardivement, lui laissant le temps de commercialiser son produit avec la mention «biodégradable», ce qui fut le cas[29], imposant au public l'image d'un produit inoffensif. De fait, son usage s'était banalisé sous cette étiquette.

Il faut dire que la plupart des utilisateurs se contentent de lire les informations lors des premiers usages. Cette âcre littérature compte peu d'amateurs passionnés au point de goûter les relectures.

Des dérivés du Roundup se forment bel et bien, passant par l'état de sarcosine et quelques autres phases avant de contaminer les nappes phréatiques et les rivières. Un destin que les grands médias auraient dû relater avec plus d'intérêt, plutôt que de diffuser ses publicités.

Progressivement, Monsanto a dû aussi se plier à une série d'obligations, comme celles de mettre en garde l'usager par les phrases suivantes : «Ne jamais traiter à moins de 5 m d'un point d'eau (ruisseaux, puits, fossé, grille d'évacuation d'eau, bouche d'égout...) ou

---

confirmée en appel le 29 octobre 2008, assortie d'une amende de 15 000 euros pour deux dirigeants.

28. Attorney General of the State of New York, «False Advertising by Monsanto Regarding the Safety of Roundup Herbicide (Glyphosate)», Environmental Protection Bureau, 1996.

29. La direction de Monsanto ne pouvait pas ignorer que des associations françaises réagiraient tôt ou tard, instruites notamment pas la condamnation américaine.

sur un terrain en pente pouvant entraîner un ruissellement vers un point d'eau. Éliminer les produits non utilisables dans une déchetterie et les emballages vides et rincés dans la poubelle ménagère. Ne pas entrer dans la zone traitée avant le séchage complet. Tenir hors de la portée des enfants. Conserver à l'écart des aliments et boissons y compris ceux pour animaux. Ne pas respirer le brouillard de pulvérisation. En cas d'accident ou de malaise, consulter immédiatement un médecin. Utilisez seulement dans les zones bien ventilées. Ne pas polluer l'eau avec le produit ou son emballage. Pour protéger les organismes aquatiques, respecter une zone non traitée de 5 m par rapport aux points d'eau. Pour protéger les arthropodes non ciblés et les plantes non ciblées, respecter une zone non traitée de 5 m par rapport à la zone non cultivée adjacente. Respecter les instructions d'utilisation pour éviter les risques pour l'homme et l'environnement. »

Ces phrases figurent en petits caractères, après trois paragraphes plus lisibles qui font l'éloge du produit. Monsanto, comme beaucoup d'autres firmes, n'est pas tenue d'inverser cet ordre. Le lobbying industriel consiste en effet aussi à obtenir que les commissions qui fixent les obligations réglementaires d'étiquetage ne soient pas trop regardantes sur l'emplacement des informations et sur la grosseur de leur typographie. Pour y parvenir, les représentants de l'industrie se livrent à une guerre d'arguments auprès des autorités, dont celui de l'emploi, de la concurrence économique et des « doutes » jetés sur les études gênantes. Ces arguments ne datent pas de la crise économique que nous traversons, ils ont toujours été utilisés. Ce sont les mêmes, par exemple, que les industries de l'amiante brandissaient quand certains experts leur mettaient sous les yeux des études rapportant la mortalité effrayante due à ses poussières. Ce sont également les mêmes que les cigarettiers ont opposés aux autorités, les mêmes que toutes les industries produisant des substances délétères ressortent chaque fois qu'on veut encadrer plus rigoureusement leur usage.

Monsanto ne déroge pas à cette stratégie qui, malgré les scandales sanitaires à répétition, est adoptée par tous les producteurs de risque. Mais son succès auprès des décideurs n'est possible qu'à la condition de tenir l'opinion publique dans une relative confiance, les autorités politiques et l'administration craignant par-dessus tout le scandale qui soulignerait leur trop grande mansuétude.

Autre obligation, la Commission européenne a appliqué au principe actif du Roundup, le glyphosate, l'interdiction de dépasser 0,1 µg/l dans l'eau du robinet, le seuil fixé pour la majorité des pesticides.

La production du doute

Pour endiguer l'effet des mises en cause scientifiques de ses produits, Monsanto s'adjoint à longueur d'années le concours de lobbyistes spécialisés en « gestion de crise sanitaire », tâcherons de la rhétorique rassurante et de la « responsabilité sociale des entreprises ». Ils remplissent des fascicules d'information, des communiqués de presse, des livres, des pages de sites Web, des forums. L'ensemble visant à produire du doute malgré les études qui s'accumulent. L'objectif est multiple : retarder la prochaine restriction d'usage ou l'obligation d'afficher une nouvelle précaution d'emploi, pour éviter leur impact négatif sur le marché, et repousser la désaffection du public, voire les contentieux.

Depuis quelques années, Monsanto diffuse ainsi des informations destinées à rassurer les usagers sur les effets du Roundup. Elles apparaissent en bonne place sur la Toile, parmi les informations qui occupent les premières pages quand les internautes font une recherche pour se faire une opinion. On peut y lire par exemple que « dans le respect des bonnes pratiques d'utilisation, Roundup ne pose pas d'inconvénient ni pour les utilisateurs, ni pour les consommateurs[30] ». Autrement dit, le jardinier et l'agriculteur n'ont rien à craindre, pas plus que ceux qui mangent les aliments qui sortent des terres aspergées. L'affirmation ne coûte rien, sa répétition en fait une ritournelle consolante pour ceux qui cherchent une croyance toute prête, toujours très nombreux.

Monsanto va jusqu'à comparer le produit au soleil : « À faibles doses, le soleil est un bienfait à bien des égards pour notre organisme. En revanche, une forte exposition entraîne une agression de la peau et des risques de maladies futures. La clé d'un "dosage

---

30. Monsanto, Roundup : « Coupons l'herbe sous le pied à quelques idées reçues », septembre 2010.

solaire" approprié n'est pas dans le soleil lui-même, mais bien dans la maîtrise de l'exposition. » Le soleil a fourni le même argument fallacieux à des générations de lobbyistes, dans tous les secteurs industriels, y compris pour des produits aujourd'hui interdits pour leur trop grande toxicité. Ceux qui l'utilisent oublient toujours de rappeler que, contrairement aux produits en question, le soleil se voit et qu'il est donc possible de s'en protéger quand il chauffe trop.

Le soleil est parfois remplacé par le train, dont on rappelle qu'il affola des gens au début du rail. Mais là encore, les textes omettent de dire qu'un train est plus visible qu'une substance qui, une fois projetée et séchée, se révèle complètement indétectable et passe subrepticement des graviers aux mains des enfants, puis à leur bouche, et entre clandestinement dans la maison sous les semelles des habitants et sous les pattes du chien... Les études sur cette porosité entre l'extérieur et l'intérieur des logements sont éloquentes [31].

Dans certains de ses textes diffusés sur le Net, la firme évoque la question de la toxicité du Roundup et évoque plusieurs études, pour leur dénier toute pertinence, sans entrer dans les détails, juste en évoquant le fait qu'elles n'auraient pas respecté certains principes méthodologiques. On ignore lesquels mais le doute est créé d'un revers de main. Reste que les études en question confirment des craintes de la communauté

---

31. Martia G. Nishioka *et al.*, «Distribution of 2,4-D in air and on surfaces inside residences after lawn applications: comparing exposure estimates from various media for young children», *Environmental Health and Perspectives*, vol. n° 109, n° 11, novembre 2001, p. 1185-1191.

scientifique et, compte tenu des enjeux sanitaires, méritent un peu plus d'attention. L'une d'elles, parue en 2007 dans une revue scientifique de référence, pointe l'effet délétère de diverses formulations et constituants du Roundup sur les cellules néonatales humaines des reins de l'embryon, du sang du cordon ombilical et du placenta[32]. Le glyphosate et ses dérivés pourraient provoquer entre autres des nécroses et des altérations de l'ADN. Certes, on peut toujours dire qu'il s'agit d'une expérience de laboratoire et que la réalité des expositions dans la vie ordinaire introduit des nuances, ce que les industriels ne manquent jamais de rappeler quand des résultats les gênent. Ce sera d'ailleurs la critique que reprendra l'Agence française de sécurité sanitaire des aliments (Afssa). Mais il faudrait alors jeter par-dessus bord des sciences entières, à commencer par la toxicologie, pourtant indispensable pour fixer des normes de sécurité, de même qu'une grande partie des disciplines qui fondent les politiques de santé publique comme l'épidémiologie préventive, des pans complets de la biologie et, *in fine*, les piliers de la médecine moderne.

Monsanto nourrit l'idée, au passage, que les études dérangeantes se compteraient sur trois doigts, et que seul le glyphosate trouble les chercheurs. Ces textes omettent étrangement d'évoquer d'autres études très importantes. En particulier celles qui ont mis en

---

32. N. Bennachour, H. Sipahutar, C. Moslemi, C. Gasnier, C. Travert, G.-E. Séralini, «Time and Dose-Dependent Effects of Roundup on Human Embryonic and Placenta Cells», *Archives of Environmental Contamination and Toxicology*, vol. 53, p. 126-123, 2007.

évidence la toxicité cellulaire de certains composants, des agents tensioactifs induisant des perturbations endocriniennes[33]. D'autres ont montré que le Roundup provoquait aussi des troubles de la reproduction chez des animaux[34]. Et il n'est pas anodin non plus que des préparations commerciales du glyphosate soient à l'origine de réactions très graves en cas d'ingestion accidentelle ou intentionnelle[35].

Sur le plan environnemental, Monsanto reconnaît que des végétaux ont développé des résistances à son produit en agriculture et que « c'est un problème pris très au sérieux par Roundup[36] ». Il déclare même que « le premier cas de résistance a été mis en évidence en 1996 en Australie », mais en prenant soin d'affirmer que le phénomène de résistance est commun à de nombreux pesticides.

Une technique de lobbying complémentaire, particulièrement efficace, consiste aussi à financer des études qui concluent à l'innocuité des produits ou distillent systématiquement du doute quand des études démontrent leurs méfaits. Ce sont précisément les études sur lesquelles s'appuient les puissantes industries des pesticides pour obtenir les autorisations de mises sur le marché. Les mêmes se soucient

33. D. A. Goldstein, D. L. Farmer, S. L. Levine, R. P. Garnett, « Mechanism of toxicity of commercial glyphosate formulations: How important is the surfactant ? », *Clinical Toxicology*, vol. 43, n° 5, p. 423-424, 2005.
34. A. G. Oliveira, L. F. Telles, R. A. Hess, G. A. Mahecha, C. A. Oliveira, « Effects of the herbicide Roundup on the epidymal region of drakes Anas platyrhynchos », *Reproductive Toxicology*, vol. 23, issue 2, février 2007, p. 182-191.
35. Défaillance multiviscérale avec collapsus cardiovasculaire rebelle.
36. *Ibid.*, p. 18-19.

de financer également une grande partie de la recherche et, ce faisant, elles parviennent à s'infiltrer dans les commissions d'expertise et les organismes les plus écoutés au point de peser lourdement sur les avis rendus à propos de leurs propres produits. Cette instrumentalisation de la communauté scientifique et des milieux d'expertise est l'une des facettes les plus redoutables du lobbying.

Parmi ceux qui dénoncent cette stratégie, André Aschieri, le père de l'Afsset (Agence française de sécurité sanitaire de l'environnement et du travail). « Ces gens-là sont terribles et nombreux. Quand on les identifie et qu'on les chasse par la porte, ils reviennent par la fenêtre [37]... », explique-t-il. Et il souligne que la mission de cette agence publique – évaluer la toxicité des produits qui nous entourent – est tout simplement vitale et que ses statuts rappellent qu'elle a été créée pour assurer cette activité hors de l'influence des industriels. Ce qui n'empêche pas ces derniers de rivaliser de pugnacité pour réduire son indépendance et de placer un maximum d'experts qu'elle tient par des liens d'intérêts (rémunérations, participations financières, emplois de proches...). En l'absence de sanction, ces pratiques ne sont pas près de cesser. Seuls des procès de victimes peuvent aujourd'hui faire bouger les choses.

Le dernier épisode a consisté à faire fusionner l'Afsset avec l'Agence des aliments (Afssa), qui est dotée de moyens très supérieurs, et à la placer sous sa direction,

---

37. Entretien avec l'auteur, janvier 2011.

sous un nouveau nom qui brouille les cartes : l'Anses (Agence nationale de sécurité sanitaire de l'alimentation, de l'environnement et du travail). Roselyne Bachelot, maître d'œuvre de cette opération qui s'est déroulée en 2010 (elle était alors ministre de la Santé), a ainsi satisfait aux attentes des plus puissants lobbies : ceux de la chimie et de l'agroalimentaire. Aujourd'hui, le ministère de l'Agriculture, traditionnellement très proche de ces industries qui y cooptent leurs conseillers, est l'une des tutelles de l'Anses.

V. Le soir

Après le boulot ou l'école, rien de mieux qu'une bonne piscine avec les enfants

Le tour de passe-passe du Comité permanent chlore

Il est 17 h 30. Cécile file du bureau et passe prendre les enfants en voiture pour les emmener à la piscine. C'est le rituel du jeudi, un grand moment de détente.

Ils sont encore plus excités que ce matin. Les cartables sont remplis des bonbons qu'on leur a offerts et des friandises qu'ils ont fabriquées à l'école. « On en a mangé plein, plein, plein... T'en veux maman ? » Des traces de chocolat et de sucreries colorées autour de leurs lèvres et sur leur pull confirment leur témoignage. Cécile devine qu'ils n'auront pas très faim au dîner, même si la séance de piscine leur ouvre généralement l'appétit.

Max les rejoint sur place. Les enfants échangent encore les impressions de la journée quand la famille en maillot de bain passe devant les panneaux « Douche obligatoire » et « Short interdit ». On s'asperge un peu, chacun se mouille les cheveux pour donner le change, puis on traverse sur la pointe des pieds l'eau du pédiluve passablement glacée. Max grogne et hésite devant ce bassin de 20 cm de profondeur, il trouve son eau trop sale. Puis il se décide et avance comme une cigogne circonspecte, levant haut les jambes et les reposant doucement pour éviter de s'éclabousser.

Cécile entame ses longueurs de bassin pendant que Max enfile les brassards gonflables au bébé. Il restera d'ailleurs avec lui dans le bain pour les tout-petits jusqu'à l'heure où commencera le cours des «bébés nageurs». Le père aime s'éterniser dans cette eau, bien plus chaude que celle des grands. Spécimen en voie d'extinction, Max fait partie de ces hommes qui n'ont jamais appris à nager et se raidissent quand on évoque le sujet. Il récuse opiniâtrement l'idée que savoir nager puisse être utile et argumente avec un laïus pince-sans-rire : «Pourquoi me faire braire (il appuie sur le mot braire en montant dans les aigus) à apprendre un truc pareil puisque je n'irai jamais dans le grand bassin, j'ai horreur de la piscine, la mer m'ennuie et je ne prends jamais le bateau. Et les bouées, ce n'est quand pas fait pour les chiens!» Il a l'art de tourner la conversation en rigolade : «Nager est un truc de maso, pire que le ski, une perversion collective qu'il faudrait soigner.» Issu d'une famille ouvrière du Nord de la France qui n'a été au bord de la mer qu'une seule fois en vingt ans pour la regarder de loin, il cultive la variante : «Je ne trahirai pas la classe prolétaire avec cet opium, je préfère encore mes clopes.» Il aime aussi répéter dans les moments les plus inattendus : «La seule chose que j'apprécie à la piscine, c'est quand on se rhabille.» Celle-là, Cécile en rit comme d'une chatouille chaque fois que Max lui chuchote à l'oreille.

S'il savait ce qui se cache derrière les panneaux interdisant les shorts et rappelant l'obligation de la douche avant de se baigner, il en ferait une autre ritournelle. En 1996, le cabinet de lobbying CES qui travaille pour Atochem, le géant du chlore dorénavant rattaché à Elf[1], lançait une campagne dans les piscines de France avec le slogan «Pour bien nager, nageons propres». L'opération, présentée comme une simple affaire d'hygiène et de pipi dans l'eau, est à l'origine des petits panneaux aujourd'hui présents dans les établissements sauf... dans les piscines qui n'emploient pas de chlore. Un paradoxe que personne n'a remarqué mais qui mérite l'attention.

Le dossier embarrassant des chloramines

Les industriels du chlore savent depuis longtemps que leur substance, si elle possède l'indéniable pouvoir de désinfecter l'eau en tuant les bactéries, présente aussi quelques défauts. À commencer par celui de réagir curieusement quand elle entre en contact avec des substances organiques, telles la sueur, l'urine, la salive, les écoulements du nez, la peau, les cheveux... Une rencontre qui, dans une piscine, est par définition inévitable. Au contact du corps, le chlore des piscines produit des gaz toxiques, les chloramines, à l'origine de diverses pathologies, et cette réaction chimique est

---

1. Et membre d'Euro Chlor qui regroupe 34 unités de fabrication dans quinze pays de l'Union européenne.

proportionnelle au nombre de nageurs. Plus il y a de baigneurs, plus la production de chloramines s'intensifie. Les études sur le sujet montrent que l'agitation des bassins contribue elle aussi à leur passage dans l'air, laquelle s'accentue avec les toboggans, jacuzzis, jets d'eau, vagues... La chaleur ambiante est également un facteur puissant, de même que le manque d'aération dans les piscines couvertes, la faiblesse des filtres et le renouvellement insuffisant de l'eau.

Chacun a pu faire l'expérience très nette des chloramines le jour où il a uriné dans un pot de chambre comportant un produit javellisé. Aussitôt, ces gaz se dégagent et l'on éprouve leur agressivité par une irritation des yeux et des poumons. Dans une piscine, ces gaz se manifestent de façon plus discrète grâce à la dilution du chlore dans l'eau, mais ils atteignent néanmoins des taux dans l'air qui sont à l'origine de problèmes suffisamment sérieux pour qu'ils soient portés à la connaissance de tous. Chacun pourrait alors choisir l'établissement qui fait les meilleurs efforts pour les réduire. Comme nous allons le voir, il est relativement aisé d'y parvenir pour un coût modéré, que les constructeurs de piscines et les gestionnaires devraient assumer.

Les chloramines n'ont pas seulement un effet irritant passager mais peuvent initier des asthmes chroniques chez des personnes qui n'en ont jamais souffert auparavant, ainsi que des affections des yeux et du sang. Les enfants sont généralement les plus vulnérables, comme devant la plupart des produits toxiques, mais surtout les plus petits : ces gaz entraînent plus souvent chez eux des affections respiratoires (bronchites, asthme chronique...). Ils détériorent les barrières pulmonaires et les rendent plus perméables à l'entrée des allergènes aériens. Des études épidémiologiques révèlent que 15 % des bébés nageurs gardent des lésions irréversibles aux poumons et que le taux d'asthmatiques est de 11 % dans la population générale alors qu'il est de 23 % chez ceux qui ont suivi cette initiation précoce à l'eau des piscines[2]. Les lésions des cellules souches de l'épithélium respiratoire, dont la fonction est de protéger et de réparer les poumons, sont d'une gravité comparable à celles des lésions dues à plusieurs années de tabagisme[3]. En une heure de nage, parce que, notamment, le taux de chloramines est le plus dense au ras de l'eau, un jeune nageur inhale l'équivalent de trois semaines d'exposition d'un maître-nageur. De plus, l'eau des petits bains où les enfants s'amusent étant plus chaude, la concentration y est la plus forte.

Pour autant, les adultes ne sont pas épargnés, en particulier ceux qui fréquentent très souvent les piscines (certains y vont tous les soirs après leur journée de travail), et *a fortiori* les maîtres-nageurs, les entraîneurs, les personnels d'entretien et les nageurs de club. Chez ces derniers, ont compte quatre fois plus d'asthmatiques que dans la population générale[4]. Le stress imposé aux voies aériennes par l'hyperventilation

---

2. *Risques respiratoires de la désinfection des piscines par le chlore. Études épidémiologiques et expérimentales*, Rapport final, UCL/IBGE, n° 747, Bruxelles, 2003.
3. *Ibid.*
4. A. Bernard *et al.*, « Outdoor swimming pools and the risk of asthma and allergies during adolescence », *The European respiratory journal*, vol. 32, issue 4, 2008, p. 979-988.

joue un rôle dans cette multiplication des cas, comme dans les autres sports. Mais la natation compte deux fois plus d'asthmatiques que n'importe quelle autre discipline[5]. Il existe par ailleurs une corrélation significative entre la prévalence de l'asthme dans l'ensemble de la population et le nombre de piscines au chlore pour 100 000 habitants[6]. Cette corrélation est déjà clairement perceptible chez les enfants de 6 à 7 ans[7]. Ces données, rappelées en 2012 par le professeur Guy Dutau au VIIIe Congrès pédiatrique de pneumologie et d'allergologie, sont encore ignorées du grand public et de nombreux médecins. Le pédiatre pneumologue y a défendu devant ses pairs la nécessité de se tourner vers d'autres désinfectants que le chlore.

Des soupçons pèsent par ailleurs sur la reprotoxicité de ces gaz, c'est-à-dire sur les perturbations de la fonction testiculaire qu'ils pourraient entraîner, se traduisant par une baisse progressive des taux de testostérone et d'autres hormones proportionnelles à la fréquentation cumulée des piscines chlorées[8].

Comment une telle situation est-elle possible, alors même que des observateurs scientifiques ont commencé à s'inquiéter du problème des chloramines dans les années 1990, et à penser que l'explosion des

---

5. *Ibid.*
6. M. Nickmilder, A. Bernard, «Ecological association between childhood asthma and availability of indoor chlorinated swimming pools in Europe», *Occupational and environmental medicine*, vol. 64(1), 2007, p. 37-46.
7. *Ibid.*
8. M. Nickmilder, A. Bernard, «Association between testicular hormones at adolescence and attendance at chlorinated swimming pools during childhood», *International Journal of Andrology*, n° 34, juin 2011, p. 446-458.

cas d'asthme et d'allergie chez les enfants depuis les années 1970 pouvait avoir un rapport avec l'accroissement du nombre de piscines et des usagers? La réponse ne vous étonnera pas, à ce stade du livre: les industriels commercialisant le chlore ont voulu éviter que leur produit soit pointé publiquement comme la cause de l'épidémie et se sont adressés aux lobbyistes de CES pour créer un « groupe d'expertise » endossant la responsabilité de définir une stratégie rassurante. Sophie Valtat et Jean-Pierre Hulot, les dirigeants de CES, ont donc mis sur pied un de ces comités dont ils ont le secret – le Comité permanent chlore et santé – réunissant des représentants des industries du chlore et des fabricants de piscines, des gérants, un syndicat des maîtres-nageurs et des grandes organisations syndicales (CGT, CFDT, FO, CFTC), les ministères de l'Environnement, de la Santé, du Travail, de la Jeunesse et les Sports, de l'Industrie, ainsi que l'INRS et des associations de défense des consommateurs et de protection de l'environnement.

Une opération rondement menée

Sous la baguette des lobbyistes, ils ont fait *chorus* pour lancer l'opération « Pour bien nager, nageons propre », afin de diminuer la partie des chloramines liée à l'urine et aux peaux mortes (sans pouvoir agir vraiment sur la sueur car celle-ci revient sur la peau dès qu'on nage), tout en la présentant de façon anodine comme une évidence morale. Le public, peu ou prou culpabilisé, était tenu à l'écart des véritables raisons de ce rappel à l'ordre. Le comité évitait ainsi notamment de déballer le fait que peu de gérants de piscines se souciaient de ne pas dépasser la limite de 0,5 mg/m^3 de chloramines; limite recommandée qui sera d'ailleurs baissée à 0,3 mg/m^3 par l'Afsset en 2010, sans plus de succès. Il n'existe toujours pas de contrôle de l'air des piscines.

Non contents d'avoir réussi à culpabiliser le public sans que le chlore soit mis en cause, les dirigeants de CES se sont débrouillés pour recevoir, le 4 février 1998, le prix Épidaure pour cette campagne. Un trophée qui récompense, sous les lustres du ministère de l'Environnement, les auteurs de travaux contre les pollutions et leur impact sanitaire. La veille de la remise du prix, j'ai appelé avec le journaliste François Camé, de concert avec Michel Parigot, le président du Comité anti-amiante Jussieu, le cabinet de la ministre d'alors, Dominique Voynet, qui s'apprêtait à le remettre elle-même dans les mains des lobbyistes. Nous lui avons rappelé quelques-unes des performances de ces champions du lobbying, dont celle qui a consisté à retarder longtemps l'interdiction de l'amiante en créant le Comité permanent amiante qui minimisait sa cancérogénicité.

Je notais alors que les financeurs du prix Épidaure étaient la Cogema, les laboratoires Sanofi et *Le Quotidien du médecin*. Parmi les membres du jury, se distinguait Alain-Jacques Valleron, ancien membre du Comité permanent amiante, de même que Charles Souleau, l'homme qui a dirigé la commission d'expertise sur les leucémies autour de l'usine de retraitement des déchets nucléaires de La Hague. Cet «expert» a été publiquement mis en cause pour avoir remplacé les données des experts par des chiffres de la Cogema lors de la présentation du rapport d'expertise aux élus locaux et à la population [9].

La cérémonie a bien eu lieu, mais sans la ministre. Dominique Voynet a tout de même laissé son chef de cabinet diffuser un communiqué d'excuse qui laisse rêveur: «La ministre soutient depuis des années le prix Épidaure, et elle a souhaité, à travers le parrainage de l'édition 1998, réaffirmer son soutien et marquer son intérêt pour les questions de santé environnementale.» Une contorsion qui laisse transparaître la volonté de la ministre de ne pas s'aliéner les lobbies industriels à l'origine de ce prix pour le moins douteux. Quant au cabinet de lobbying CES, il a tranquillement poursuivi son activité de «gestion de crise sanitaire» pour ses clients fortunés.

Cette inadmissible récidive du politique déléguant sa responsabilité aux lobbyistes était malheureusement l'indice de l'ancrage profond d'une habitude malsaine [10]. C'était également le signe instructif que des fédérations syndicales et des associations [11] y restaient

---

9. Roger Lenglet, *Charlie Hebdo*, 3 février 2008.
10. Avec le Dr Bernard Topuz, j'avais déjà eu l'occasion de souligner combien il était choquant qu'un gouvernement abandonne à nouveau la gestion de problèmes sanitaires à un cercle monté par des lobbyistes alors que leur rouerie s'était clairement illustrée dans la gestion du dossier amiante et beaucoup d'autres (voir Bernard Topuz et Roger Lenglet, *Des Lobbies contre la santé, op. cit.*).
11. UFCS, CSCV, ANC, ORGECO, AFOC, Familles de France, FNE, Les Amis de la terre et MNLE.

vulnérables et qu'elles étaient toujours capables d'apporter leur caution à ce genre de montage sans prendre de garantie. Le résultat est simple : le CES a finalement obtenu que les mesures de prévention se limitent au comportement des usagers, alors que les associations partenaires réclamaient des mesures impliquant les exploitants et l'administration (mise en place de systèmes d'aération efficaces, contrôle de l'air, filtrage et renouvellement de l'eau plus important, abaissement des normes).

Il a fallu attendre 2003 pour que l'exposition aux chloramines soit intégrée au tableau n° 66 des maladies professionnelles. En 2010, l'Afsset a demandé un renforcement général des mesures de prévention, en particulier une meilleure aération, un renforcement du suivi médical des personnels exposés et un abaissement des limites à ne pas dépasser [12]. Du côté des gestionnaires de piscine, quelques-uns ajoutent désormais un produit stabilisant le chlore dans l'eau pour réduire la production des gaz. Quant à l'INRS, il travaille à l'évaluation de nouvelles techniques sur le traitement de l'eau par le chlore qui limiteraient aussi les chloramines. Les industriels prolongent ainsi la survie de leur marché au lieu d'envisager de véritables alternatives.

---

12. www.afsset.fr/upload/bibliotheque/450388928176158819287820666252/10_06__piscines_reglementees_afsset_vdef.pdf.

Les piscines chlorées sont-elles incontournables ?

Loin de nous détourner de l'envie d'aller piquer une tête de temps en temps, le professeur Alfred Bernard, un toxicologue qui s'investit dans ce dossier depuis de longues années et qui a fait preuve d'un courage certain en lançant des pavés dans la mare de l'hypocrisie générale, rappelle que 75 % des adultes qui fréquentent les piscines ne présentent aucun symptôme lié aux méfaits de ces gaz. Mais, bien entendu, nul ne sait à l'avance s'il fera partie de la bonne cohorte. Comme d'autres scientifiques mobilisés sur ce problème, il recommande néanmoins de ne pas exposer les enfants et, pour les adultes, de choisir son établissement en fonction de son aération, repérable en partie par son odeur plus ou moins irritante, et de la température ambiante, les piscines les moins chauffées étant les plus recommandées...

Comme de coutume face aux produits toxiques, les gouvernements avancent à reculons. Dans certains pays, les autorités sanitaires commencent à déconseiller officiellement d'exposer les enfants en bas âge au chlore. Ainsi, en 2012, le Conseil supérieur de la santé de Belgique s'y est montré défavorable pour les moins de 12 mois.

On aurait pu penser que les piscines ouvertes traitées au chlore offraient une bonne solution grâce à la ventilation naturelle. Mais l'effet du soleil sur l'eau chlorée et le fait que les chloramines se concentrent surtout près de la surface où les nageurs respirent finissent de nous navrer. En effet, des études montrent que les enfants et les adolescents fréquentant régulièrement ces piscines comptent aussi un excès très significatif de cas d'asthme[13]. Sans oublier que parmi les mêmes usagers non asthmatiques, on compte aussi des excès de cas d'hyperactivité bronchique (50 % de plus que dans la population générale) et de sensibilité aux allergènes aériens (deux fois plus que la normale) chez les adolescents nageurs de club, deux facteurs prédictifs de l'asthme[14].

Plus largement, les piscines où les eaux sont traitées sans recourir au chlore sont préconisées. Les procédés ne manquent pas, comme le montrent celles qui recourent au système cuivre-argent, excellent désinfectant, ou celles qui associent des dépolluants végétaux et des ionisateurs.

---

13. Intervention du professeur Guy Dutau au VIIIe Congrès pédiatrique de pneumologie et d'allergologie, 2012.
14. Étude de V. Brusasco et G. Rossi, université de Gêne, présentée au XVIIe Congrès de la Société européenne de pneumologie, 15-19 septembre 2007, Stockholm.

Expositions mercurielles tous azimuts

Des silences criminels

Il est 20 heures. Les lumières sont allumées dans toutes les pièces. Cécile et Max espéraient que les ampoules fluocompactes leur permettraient de réaliser des économies. Mais ces ampoules « durables » ne tiennent pas leurs promesses. De plus, les enfants ont l'art de les casser. Pas plus tard que tout à l'heure, une bataille d'oreillers a fini par emporter la lampe de chevet dans la chambre du plus grand.

« Max, tu as ramassé les morceaux d'ampoule ? » Il acquiesce. Max a même passé l'aspirateur sur la moquette pour enlever les plus petits débris.

Dans trois heures, il ressortira l'aspirateur après avoir cassé le vieux thermomètre en le laissant tomber, pour ramasser les petites billes de mercure et les petits bouts de verre. L'aîné sera saisi d'un cruel mal de tête que personne ne sera capable d'expliquer.

Pour l'instant, Cécile appelle tout le monde à table. Elle a préparé une entrée au thon et, en plat de résistance, des rognons en sauce avec des champignons de Paris.

En mangeant, Max pousse un grognement. Il vient de perdre un plombage. « Remarque, ça tombe bien, j'ai rendez-vous chez le dentiste demain après-midi ! »

Une complaisance coupable

Chacun connaît aujourd'hui l'« obsolescence programmée », c'est-à-dire la fin prématurée des appareils ou des articles préparée par les industries qui les produisent. Une fragilité volontaire, savamment conçue pour nous obliger à consommer. L'obsolescence programmée couvre désormais aussi bien les ordinateurs que les appareils ménagers, les meubles, les véhicules, les articles de bureau ou... les ampoules. C'est justement l'industrie des ampoules qui s'est autorisé la première, dans la première moitié du XXe siècle, à demander à ses ingénieurs de limiter la durée de vie de ses produits, inventant ainsi le non-durable comme principe de profit. Progressivement, les autres entreprises ont intégré la même stratégie, parfois au grand dam d'une partie de leurs ingénieurs, bouleversés qu'on leur demande de faire le contraire de ce qu'ils avaient toujours cherché à accomplir.

Les industriels se sont même mis à réfléchir aux possibilités de décliner les articles sur le mode de l'éphémère, autrement dit de radicaliser l'obsolescence en lançant la mode du jetable. L'une des plus belles inventions fut le mouchoir en papier, le fameux Kleenex auquel le lobbyiste Edward Bernays a d'abord converti les Américains. Les industries pétrolières et plasturgiques ont suivi le mouvement, en exploitant les faiblesses du plastique. Ils l'ont appliquée aux bouteilles, aux jouets, aux chaussures, à la vaisselle... Les gobelets qui ne servent qu'une fois sont un de leurs plus grands succès.

Un siècle après ses premiers faits d'arme, le lobby des luminaires et des ampoules vient de réussir un énorme coup avec l'argument des « ampoules durables » et « écologiques ». Cette manipulation ne relève pas seulement d'une stratégie de marketing, mais bel et bien du lobbying. En quoi ? Les industriels ont trouvé auprès des autorités politiques un formidable relais : les élus ont en effet inscrit dans la loi la disparition des ampoules à filament au profit des fluocompactes. Et, comme nous allons le voir, le tour de manège n'en est qu'à ses débuts.

Si le jetable s'affiche comme tel, ce qui lui donne une relative légitimité aux yeux de l'opinion, le faux durable et l'obsolescence programmée sont quant à eux des escroqueries pures et simples. Quant à l'inertie des autorités devant le développement planétaire de l'obsolescence programmée et du *greenwashing*[15], qui verse abondamment dans la publicité mensongère, elle s'explique essentiellement par la puissance des lobbies en cause. Au XXᵉ siècle, le financement des partis a été l'arme la plus efficace pour paralyser les gouvernements, non seulement aux États-Unis mais aussi en Europe. Cette pratique n'a pas du tout disparu

---

15. L'expression signifie « repeindre en vert » pour donner le sentiment que le produit ou l'entreprise est respectueux de l'environnement.

outre-Atlantique et elle perdure sous des formes plus ou moins discrètes en France et dans le reste du monde[16]. L'industrie recourt également au «lobbying normatif», pour reprendre une expression des professionnels de l'influence, c'est-à-dire à l'instrumentalisation des commissions d'expertise et des conseillers ministériels qui permet de peser sur les normes techniques, voire de les fixer elle-même en fonction de ses projets commerciaux. Le drame est que les consommateurs ne se sont pas encore dotés de structures ou d'associations suffisamment actives, fortes et fédérées pour renverser le rapport de force en imposant la présence de leurs propres experts à une échelle au moins équivalente. En l'état actuel, elles font littéralement de la figuration, hormis sur quelques dossiers.

Quand Bruxelles a annoncé que l'Europe allait interdire les ampoules à filament au profit des ampoules fluocompactes, censées consommer moins d'énergie et durer dix fois plus longtemps, le consensus s'est imposé. Les lobbyistes ont même obtenu que la directive européenne de 2003 interdisant l'usage du mercure dans les équipements électriques et électroniques tolère une exception pour les ampoules fluorescentes jusqu'à 5 000 microgrammes, et pour les tubes néons[17]. Pourtant, les effets délétères du

---

16. Voir à ce sujet les rapports annuels de Transparency International et Roger Lenglet, *Profession corrupteur, op. cit.*
17. Directive 2002/95/CE du Parlement européen et du Conseil du 27 janvier 2003 relative à la limitation de l'utilisation de certaines substances dangereuses dans les équipements électriques et électroniques, Journal officiel n° L 037 du 13 février 2003, p. 19-23.

mercure sur le cerveau et le système nerveux en général, les reins et le cœur sont démontrés depuis des décennies, de même que sa toxicité sur le sang, les systèmes immunitaire et reproductif, y compris à faible dose. Sa capacité à se fixer dans l'organisme pour s'y accumuler au fil des ans rend particulièrement vaine la prétention à fixer un seuil sous lequel on pourrait le considérer comme inoffensif, surtout si l'on songe à ses innombrables sources d'émission (voir p. 206-208).

Les autorités sanitaires ont minimisé ces faits. En France, la ministre de la Santé, Roselyne Bachelot, a tenu à rassurer l'opinion en déclarant que la quantité de mercure contenue dans les ampoules fluocompactes était infime et qu'il suffisait d'aérer un peu la pièce pour en évacuer les vapeurs quand l'une d'elles se cassait. Avec la scientifique Marie Grosman, j'ai procédé à des tests pour en avoir le cœur net. Voici ce que nous avons écrit à l'issue de nos mesures : « Nous avons utilisé notre appareil J405, un analyseur de mercure dans l'air, justement employé dans l'industrie de collecte d'ampoules et d'ustensiles polluants, pour faire le point à ce sujet en vérifiant de près les vapeurs mercurielles qu'elles dégagent lorsqu'on les brise. Notre test a porté sur une série d'ampoules vendues dans des grandes surfaces et de plusieurs marques différentes. Le résultat parle de lui-même : chaque ampoule contient des milliers de microgrammes de mercure et libère, au cours des douze secondes qui suivent leur cassage, entre 126 et 152 mg/m^3. Soit 100 à 150 fois la valeur-limite de l'OMS[18]. »

---

18. Marie Grosman et Roger Lenglet, *Menace sur nos neurones, op. cit.*

Nous multiplions les conférences pour expliquer que, les vapeurs de mercure étant plus lourdes que l'air, elles ont tendance à rester près du sol : ouvrir simplement une fenêtre n'est pas suffisant. Il est nécessaire de créer un courant d'air. Précisons qu'il est préférable de quitter la pièce durant l'opération. Plus important encore, il ne faut en aucun cas utiliser l'aspirateur pour récupérer les débris car ce dernier contaminera aussitôt l'appartement en recrachant des vapeurs de mercure, et cette contamination recommencera à chaque nouvel usage.

En cas de bris de thermomètres au mercure, *a fortiori* d'un baromètre [19], la situation exige encore plus de précautions. L'aspirateur est à proscrire absolument. Le plus simple est de placer les morceaux dans un bocal ou dans un sac-poubelle bien fermé et placé hors de la maison. Le geste qu'a commis Max, hélas banal, est à l'origine d'hospitalisations et de décès d'enfants en bas âge, les plus exposés aux vapeurs mercurielles du fait de leur taille. Le *Bulletin épidémiologique hebdomadaire* (BEH) de l'InVS en recense des cas dramatiques. Après l'interdiction des thermomètres au mercure, au tournant de l'année 2000, j'ai demandé au ministère concerné de diffuser un communiqué au public pour le mettre en garde, car ces objets restent présents dans des millions de familles. On m'a promis que ce serait fait tout en me priant de ne surtout pas créer de « psychose ». Ce communiqué n'a jamais vu le

---

19. Il s'agit des baromètres vendus généralement chez les opticiens, véritables objets de décoration.

jour. Encore une fois, la crainte d'une mise en cause des autorités et des industriels, qui auraient dû agir des décennies avant, a prévalu sur la santé publique.

L'interdiction des ampoules fluocompactes

Le plus effarant est que les producteurs d'ampoules savent déjà que celles qu'ils produisent aujourd'hui seront bientôt interdites, tout particulièrement à cause du mercure qu'elles contiennent. En effet, une interdiction mondiale des ampoules fluocompactes « longue durée » est en préparation et la réglementation européenne a d'ailleurs fixé la date de 2015 pour les retirer du marché dans l'UE. Elles seront remplacées obligatoirement par les LED (diodes électroluminescentes), qui présentent l'avantage d'être sans mercure et quasi incassables. Autre avantage, ces ampoules consomment nettement moins d'énergie et ont une durée de vie réellement plus longue, à moins que le principe de l'obsolescence programmée frappe encore. Et à condition que le plomb et l'arsenic qu'elles contiennent se révèlent réellement bien scellés. En attendant, le lobby industriel continuera d'étendre ses marchés, notamment en Asie où la promotion des ampoules fluocompactes au mercure bat son plein...

La révolution à venir concerne aussi l'éclairage public, aujourd'hui assuré par 35 millions de lampadaires en Europe et près de 3 millions en France qui fonctionnent avec des lampes au mercure. Une simple lampe de 125 W d'éclairage public contient

19 000 microgrammes de mercure et présente le défaut non négligeable d'exploser souvent. La technologie des LED remplacera, là aussi, les petites bombes toxiques. Le lobby des fabricants d'ampoules (Philips, Osram, etc.) est déjà sur les rangs, comme il l'était sur les deux dernières générations. On pense inévitablement à Saint-Gobain qui, après avoir couvert la France d'amiante, s'est positionné sur le désamiantage et le remplacement par d'autres isolants.

Pour justifier l'étape scandaleuse des ampoules au mercure, les responsables politiques s'abriteront-ils derrière l'argument que la découverte de ce danger est récente, comme ils l'avaient fait dans un premier temps avec l'amiante ? Ils ne le pourront pas sans laisser voir leur mauvaise foi ou leur grave incohérence puisque l'inscription des expositions mercurielles au tableau de reconnaissance des maladies professionnelles date de... 1919. Une époque où les syndicats avaient fait reconnaître ce risque pour les ouvriers travaillant dans les entreprises produisant des ampoules, des enseignes lumineuses et des thermomètres, entre autres.

À table et à l'hôpital

Le problème tient aussi à ce que les ampoules et les thermomètres ne représentent qu'une partie des sources de mercure qui nous entourent. Les amalgames dentaires, les fameux plombages, en sont une autre, sans parler de la filière de production du ciment, de matériel informatique, du chlore et de la soude, de l'or, du charbon, du pétrole et de la plasturgie, des piles et des batteries, des baromètres, des cosmétiques... Sans oublier la contamination intense de segments importants de la chaîne alimentaire comme le thon, qui dépasse régulièrement la valeur limite officielle reconnue comme tolérable (500 µg/kg) pour atteindre souvent le double et parfois jusqu'à huit fois cette valeur[20]. Les autres gros poissons (raie, daurade, flétan, congre, espadon, requin...) sont également concernés, tout comme les fruits de mer (moules, huîtres[21], etc.), les champignons et les viandes, en particulier le foie, les rognons et les charcuteries[22]. Des aliments qui, dans bien des cas, ne devraient être consommés que très occasionnellement, voire tout simplement exclus tant que les taux de mercure ne sont pas sérieusement redescendus.

De même, il existe encore des vaccins et des dispositifs médicaux (électrodes, tensiomètres, sondes gastriques) qui contribuent à la diffusion du mercure soit directement sur l'homme, soit dans l'environnement. Concernant ces derniers, l'OMS rappelle que « le matériel médical contenant du mercure finit tôt ou tard par se briser » et que « des billes de mercure se logent dans des fissures ou adhèrent aux matériaux poreux comme les tapis, les étoffes ou le bois et sont alors extrêmement difficiles à éliminer.

---

20. Marie Langre et Dr Maurice Rabache, *Toxiques alimentaires, op. cit.*, p. 52-57.
21. De plus, les fruits de mer sont particulièrement chargés en plomb et en cadmium.
22. Les viandes sont encore plus touchées par le plomb. Direction générale de la Santé, *Diagonale des métaux, op. cit.*

Lorsque du mercure a été répandu, des traces peuvent rester sous les chaussures. Si ces souillures sont mal nettoyées et éliminées, les patients qui sont déjà affaiblis et le personnel soignant risquent une exposition dangereuse[23].» L'Organisation précise: «Faute d'un nettoyage convenable, du mercure répandu même en très petite quantité, par suite notamment de la rupture d'un thermomètre, peut provoquer une contamination de l'air intérieur qui dépasse la limite recommandée et avoir de sérieuses conséquences sur le plan sanitaire[24].»

Hélas, les lobbies gravement concernés sont si nombreux et actifs que l'on comprend pourquoi le déni de cette contamination, malgré son ampleur, a prévalu jusqu'à aujourd'hui.

Une convention mondiale sous pression

Ces mêmes lobbies se sont ainsi coalisés lors des auditions organisées par l'ONU entre 2009 et 2013, dans le cadre du projet de convention mondiale sur le mercure interdisant ses usages[25]. Ils ont multiplié les manœuvres dès son lancement pour dissuader les États de s'engager.

---

23. OMS, département de Santé publique, *Document d'orientation stratégique*, 2005.
24. *Ibid.*
25. Cette convention est l'un des volets du Programme des Nations unies pour l'environnement (PNUE), créé en 1972 pour coordonner les actions environnementales de l'ONU.

Finalement, sans que les médias se soient montrés à la hauteur de l'événement, les associations mobilisées pour soutenir le projet onusien d'interdiction ont remporté, en janvier 2013 à Genève, une victoire planétaire. Plus de 130 États ont rejoint la convention qui oblige les filières de production de la substance à cesser définitivement leur activité. Néanmoins, les lobbyistes industriels ont réussi à obtenir que l'interdiction de l'extraction minière du mercure n'entre en application qu'à partir de 2025, alors que les applications sont censées s'arrêter en 2020. Il est vrai qu'ils ont aussi arraché la possibilité de demander des dérogations jusqu'en 2030... Certains ont d'ailleurs réussi à passer entre les mailles du filet, comme les fabricants de produits à usage militaire et de vaccins pour les hommes et pour les animaux. L'orpaillage échappe aussi à la réglementation, alors même que les familles d'artisans qui vivent de cette activité en Guyane et en Asie subissent des expositions mercurielles très lourdes et rejettent des tonnes de mercure dans les rivières qui contaminent les poissons mangés par les populations vivant en aval[26]. Les «intérêts économiques» de l'UE, qui était le principal exportateur de mercure pour l'orpaillage vers les pays en développement jusqu'en 2011[27], n'ont pas aidé à pousser dans le bon sens.

Marie Grosman, représentante du réseau européen d'ONG mobilisées contre l'usage du mercure

---

26. André Picot et Marie Grosman, «Mercure: l'Union européenne progresse en la Chine régresse», *Préventique Sécurité*, n° 110, mars/avril 2010.
27. *Ibid.*

dans les soins dentaires, a participé aux débats auprès des instances qui ont préparé la convention. Elle a suivi les interventions des lobbyistes industriels: «Pour tous ceux qui connaissaient bien les dossiers, leur mauvaise foi était criante. Ils ont tout essayé pour vider la convention, les citations d'études biaisées et financées par leurs soins, le chantage à l'emploi... Pour ne prendre qu'un exemple, la délégation américaine a ainsi réussi à faire sortir les crayons pour les yeux de la liste des cosmétiques au mercure interdits [28]. »

Le lobby des dentistes et des producteurs d'amalgames n'a pas été en reste. Il s'est arc-bouté pour maintenir le droit de poser les fameux «plombages» qui contiennent 50% de mercure. Les représentants de la Fédération internationale des dentistes (FDI) se sont montrés extrêmement pugnaces, affirmant qu'il est impossible de se passer techniquement de l'amalgame. Alors que les matériaux de substitution sont déjà employés dans de nombreux pays, dont le Japon et les pays scandinaves...

À elle seule, la France utilise un tiers des 55 tonnes de mercure placées chaque année dans la bouche des Européens [29]. Une pratique aberrante au regard des centaines d'études démontrant la nocivité des vapeurs mercurielles que libèrent les amalgames. D'ailleurs, les dentistes et leurs assistants comptent

---

28. Entretien avec l'auteur, mars 2013.
29. *Study on the potential for reducing mercury pollution from dental amalgam and batteries, Final report*, Commission européenne (DG environnement) et Bio Intelligence Service, juillet 2012.

de nombreuses victimes, étant eux-mêmes très exposés aux vapeurs mercurielles. Une exposition que confirment des documents du ministère de la Santé qu'ils devraient connaître[30]. Mais leur presse professionnelle, en partie financée par les producteurs de matériel dentaire, n'a de cesse de les rassurer et représente leur principale source d'information sur le sujet. Le lobbying, en effet, consiste d'abord à forger des consensus au sein de ses propres troupes.

Aussi incroyable que cela paraisse, la FDI a été jusqu'à fabriquer en 1997 un faux rapport OMS qu'elle cite dans ses revues professionnelles comme s'il s'agissait d'un vrai. La fédération en a même remis une «copie» au ministère français de la Santé pour le convaincre de l'innocuité du mercure. L'opération a consisté à réunir ses propres «experts» à Genève, ville où siège l'OMS, et à offrir à cette dernière leur «document de travail» puis à lui demander un jeu de photocopies (sur lequel apparaissait le logo de l'OMS). J'ai pu découvrir le pot aux roses en vérifiant auprès du directeur dentaire de l'OMS, le Pr Pakomov, si l'Organisation avait joué un quelconque rôle dans ce «rapport». Du côté des autorités françaises, personne n'avait songé à contrôler l'authenticité du rapport. Hélas, malgré les preuves que j'ai apportées de la supercherie aux différents acteurs concernés, les ministres français qui se sont succédé jusqu'au début de l'année 2012 ont continué de brandir le

---

30. Conseil supérieur d'hygiène publique de France, *Recommandations sur l'amalgame*, ministère de la Santé, 1998.

document pour justifier le maintien des plombages. Même l'Agence du médicament (Afssaps) reprendra les termes du document en 2005 pour soutenir le produit, allant jusqu'à s'appuyer sur un passage déclarant qu'on pourrait sans risque placer 530 amalgames dans une bouche sans que le patient en souffre, soit plus d'une livre de mercure. Une énormité qui contrevient à toutes les études scientifiques non financées par la filière et ne tient aucun compte des mesures de vapeurs mercurielles, qui démontrent que seulement quelques amalgames suffisent pour qu'une bouche dépasse les limites fixées pour des locaux professionnels contaminés !

Il a fallu attendre juillet 2012 pour voir un gouvernement français cesser de soutenir l'amalgame [31]. Pour autant, l'Agence du médicament continuait en 2013 à citer le « rapport » pour le défendre [32]. Finalement, la FDI a obtenu que la convention onusienne s'en tienne à une injonction générale, leur demandant de réduire progressivement l'usage des amalgames. De fait, l'interdiction de la production de mercure à l'horizon 2015-2030 y mettra un terme.

En attendant, le dentiste de Max lui posera un nouveau plombage. D'ailleurs, pas plus que ses confrères, il n'a vu la recommandation du ministère de la Santé qui conseille d'en préserver les patients qui mâchent souvent du chewing-gum ou qui grincent

---

31. Direction générale de la Santé, communiqué du 22 juin 2012.
32. Comme le démontrent des échanges au début de l'année 2013 entre les responsables du dossier à l'Afssaps et des représentants de l'association Non au mercure dentaire.

des dents, compte tenu des quantités de mercure que libère le frottement des mâchoires. Le praticien en placera aussi dans la bouche des enfants, persuadé que tout le tapage sur les plombages n'est qu'une psychose à la mode. Cécile, plus coquette, voudrait faire remplacer les siens par des céramiques blanches ou des résines, pour pouvoir rire sans craindre de montrer des obturations grisâtres. Un souci partagé par les professionnels de la communication, les lobbyistes, les stars et les animateurs de télévision.

La famille regarde justement l'animateur Julien Courbet dans une publicité télévisée pour une marque de fenêtres, ignorant qu'il ne porte aucun amalgame. Son taux de mercure en bouche est de zéro, j'ai pu le vérifier avec un appareil de mesure des vapeurs mercurielles, en préparant avec lui une émission de «Sans aucun doute», en 1999, par laquelle nous tentions d'alerter l'opinion.

L'eau minérale se met à table

Médicale mais pas potable

Les enfants sont sous le coup de ce qu'ils viennent d'entendre au journal télévisé: «Des gâteaux au chocolat d'Ikéa contiennent des traces de matières fécales.» Ce que Max a aussitôt traduit par: «Du caca dans les gâteaux d'Ikéa!» En plein repas, l'effet a été ravageur. Le bébé n'arrête pas de rire en répétant «caca» et le plus grand est allé vomir aux toilettes. Après le cheval déguisé en bœuf dans les lasagnes qu'ils mangeaient régulièrement, Cécile trouve que cela fait beaucoup. D'autant que cette fois le problème est clairement sanitaire.

Elle décide de laisser au frigo les yaourts au chocolat qu'elle avait prévu de sortir pour le dessert. Au lieu de changer franchement de sujet, Max a la fausse bonne idée de verser de l'eau minérale dans les verres et d'inviter la famille à boire à la santé de tous les enfants qui aiment les gâteaux au coulis de framboise. Cécile est gagnée à son tour par des hauts le cœur. Le bébé continue à crier son mot favori pendant que l'aîné, livide, se replace à table en donnant des détails du mauvais moment qu'il vient de passer. Il s'interrompt pour avaler son verre d'eau pendant que Cécile se lève : « Tu n'es pas obligé de tout raconter... »

Elle ramène de l'eau minérale gazeuse. Bien qu'elle l'ignore, l'eau minérale n'est devenue officiellement potable qu'en 2005, grâce à une directive européenne qui oblige désormais les producteurs à se rapprocher des normes de potabilité imposées aux eaux de source : ne pas dépasser les valeurs-limites autorisées pour chacune des 70 substances retenues dans la liste réglementaire, et cela sans traitement purificateur, autrement dit naturellement.

Par quel prodige les marchands d'eau minérale ont-ils bénéficié de cette souplesse ?

L'Académie resserre les boulons

À la fin du XIXe siècle, ils avaient obtenu une exemption réglementaire avec l'appui de l'Académie nationale de médecine de l'époque[33]. Selon l'argument alors avancé, ces eaux n'étaient pas destinées à être bues à longueur d'année mais sur une période restreinte, pour leurs « vertus thérapeutiques », au regard de leurs taux exceptionnels en certains oligo-éléments ou en substances telles que le fluor[34], le

---

33. L'Académie nationale de médecine les homologue toujours.
34. La directive européenne 2003/40/CE impose que la concentration en fluor des eaux minérales soit inférieure à 5 mg/l. mais les autorités françaises n'ont fixé cette obligation qu'en 2008.

sodium, etc. Ces eaux étaient initialement obtenues sur prescription médicale. Comme le rappellera bien plus tard l'Académie de médecine : « Elles prétendaient faire profiter à domicile d'une partie des bienfaits d'une cure thermale[35]. »

Les marques sont d'ailleurs souvent restées associées à des noms de stations thermales où les médecins envoient encore des patients pour des cures. Entre-temps, tout le monde a oublié l'exemption. Sauf les producteurs, qui ont réussi à faire adopter leurs eaux au quotidien par des millions de consommateurs, croyant boire la meilleure puisqu'elle est la plus chère et que leurs publicités les présentent comme des panacées. Résultat, les Français boivent en moyenne chaque année 200 bouteilles d'eau minérale par personne, un marché essentiellement entre les mains de Nestlé (Vittel, Contrex...), Danone (Évian, Volvic, Taillefine...) et Castel (Vichy, Saint-Yorre...).

Il est assez ironique de voir l'Académie de médecine rappeler, dans un rapport de 2006, alors que l'UE manifeste des mouvements d'impatience : « La définition d'une eau potable est de pouvoir être bue toute une vie sans risque pour la santé. » Et reconnaître que « les eaux minérales répondent aux critères de potabilité microbiologique, mais pas obligatoirement physico-chimique. Ces eaux ne sont pas toutes "potables" sur le plan physico-chimique selon les normes UE. Une consommation exclusive et

---

35. Rapport sur « La place de l'eau minérale dans l'alimentation », *Bulletin de l'Académie nationale de médecine*, vol. 190, n° 9, décembre 2006.

prolongée peut entraîner des troubles du fait d'une minéralisation mal équilibrée[36].» Les académiciens évoquent même des cas concrets: «Les différences de normes de potabilité entre les eaux minérales et les autres peuvent conduire à des situations inattendues, voire aberrantes: par exemple, la concentration des sulfates (ions peu toxiques mais laxatifs et diurétiques à fortes doses) doit légalement être inférieure à 250 mg/l. Si ce chiffre est dépassé dans l'eau de consommation publique, le maire de la commune se trouve dans l'obligation d'en interdire la consommation, cependant que la ménagère pourra acheter dans le commerce des eaux minérales plus riches encore en sulfates, telles que Vittel® (306 mg/l), Wattwiller® (540 mg/L), voire Contrex® (1 187 mg/l) ou Hépar® (1 500 mg/l).»

Les académiciens se paient aussi l'eau de source

Quant à l'eau de source, beaucoup moins chère, elle a toujours dû répondre à la définition stricte de la potabilité. Et cela de façon naturelle, contrairement à l'eau du robinet qui est généralement une eau traitée. Reste à savoir si toutes les eaux de source s'y conforment réellement et si les contrôles sont suffisants. Or on peut malheureusement affirmer que ce n'est pas toujours le cas. On savait déjà qu'aux États-Unis elles révèlent souvent des dépassements de normes

---

36. *Ibid.*

en polluants difficiles à admettre[37]. Comme l'a révélé une enquête du Conseil de défense des ressources naturelles (NRDC), un quart d'entre elles, à l'instar de l'eau du robinet qui connaît aussi de sérieuses dérives, ne sont pas en conformité avec la loi et présentent des contaminations bactériennes et chimiques, notamment en arsenic, phtalates, toluène et xylène, à des taux propres à dissuader la population d'en boire et posant des risques objectifs pour la santé[38].

En France, les exploitants des eaux de source prennent des libertés que les consommateurs ignorent. C'est précisément l'opinion de l'Académie nationale de médecine, qui a décidé de se mouiller : « Une eau de source n'a pas obligation de stabilité dans sa composition et le nom commercial n'est pas spécifique d'une source : ainsi deux indications apparaissent sur les étiquettes de ces eaux de source : le nom commercial, souvent en caractères très visibles, et le nom de la source, dont la taille typographique doit théoriquement être supérieure à celle du nom commercial, mais souvent moins bien lisible (choix d'une couleur terne). Ainsi, à un nom commercial identique correspondent souvent des sources différentes, de composition parfois différentes, avec parfois des variations importantes. À titre d'exemple, la marque Cristaline®, très répandue en France, distribue une eau provenant de plus d'une vingtaine de sources différentes, réparties sur les territoires

---

37. Résultats des enquêtes du NRDC, sur son site officiel nrdc.org.
38. *Ibid.*

français et étranger. La composition de l'eau d'une même marque peut donc se révéler assez différente selon la source dont elle provient. Ainsi, pour la marque citée, la concentration du calcium varie de 6,4 à 165 mg/l, celle des sulfates de 3 à 220 mg/l, et celle des nitrates de 0 à 19 mg/l. Par ailleurs, la mention « convient pour l'alimentation des nourrissons » n'est pas attribuée à toutes les sources de cette marque. À l'inverse, l'eau d'une même source peut être commercialisée sous différentes marques. Il faut donc, pour bénéficier d'une composition sûre, s'attacher au nom de la source et non au nom commercial.

Si Cécile veut s'y retrouver, elle va devoir y passer du temps. Et abandonner bien des illusions.

Mauvaises ondes

Les opérateurs de téléphonie aux commandes

Le repas terminé, Max couche le bébé. Pour l'endormir, il lui montre comment pianoter sur un gros téléphone mobile en plastique jaune et vert pour déclencher une voix qui lit un conte : « Il était une fois un petit chien qui s'appelait Ouaf-Ouaf... » Félix connaît l'histoire par cœur mais il ne s'en lasse pas. Bientôt, il saura chercher lui-même de nouvelles histoires.

Dans sa chambre, Cyril est sur son ordi, presque en apnée, tendu. On le comprend, il ne lui reste plus qu'une seule vie. Il achève la troisième partie d'un jeu de guerre contre un adversaire hongrois qu'il ne connaît pas et dont il ne saura jamais rien, sauf qu'il s'agit d'un coriace de niveau 4, trop fort. Le gars l'a pris en chasse avec un lance-roquettes à lunette télescopique capable de localiser sa cible à plusieurs kilomètres de distance et il a tué les vingt compagnons d'arme de Cyril, dont deux à coup de hache. Difficile de combattre un joueur de cette classe quand on a épuisé toutes ses munitions et qu'il ne vous reste qu'un couteau et une boussole. Le Hongrois bondit sur les toitures des maisons pour le rattraper. Fuir, fuir, oui mais par où ? Par la plaque d'égout, bien sûr ! Super dégueu ce cloaque, des légions de rats accrocs aux zombies qui finissent de pourrir dans les coins, dommage de ne plus avoir de lance-flammes à portée de main pour nettoyer tout ça, mais pas le temps d'angoisser, faut courir et choisir les bons couloirs, un dédale parfait quand on possède une boussole...

Un piaillement d'oiseau retentit dans la poche de Cyril : c'est son téléphone mobile. Il hésite à le sortir car la moindre seconde perdue risque de lui être fatale. D'autant que le Hongrois vient de trouver l'égout et balance des roquettes sur tout ce qui bouge. En plus, il lance des injures bien salées, en Français : « Viens là, enfoiré ! Je vais te trouver, connard ! » Il approche, pas d'autre solution que de plonger dans l'eau noire qui charrie des immondices...

Le piaillement du mobile recommence. C'est sûrement Lolie3, sa nouvelle chérie, elle avait promis de l'appeler dès la fin de son tournoi de *kick boxing*. Il la connaît à peine plus que le Hongrois, mais ce n'est pas la même chose : ils se sont rencontrés hier sur un forum de discussion consacré à la dernière version d'un jeu de rôle, ils ont échangé des dizaines de SMS avant de s'endormir et, pour finir, se sont promis que ce soir serait le grand jour : ils vont se parler en direct, avec leur vraie voix et leur vrai visage, sur FaceTime.

Tant pis, il la rappellera plus tard, l'urgence est de gagner... Sous l'eau, ça ne rigole pas, c'est le royaume des poissons à cinq yeux et des crevettes dégénérées.

Soudain, on entend retentir la voix du Hongrois, bien sardonique, suivi d'une explosion. Une tête de mort apparaît sur l'écran. Cyril lâche un gémissement, c'est fini. Des *pop-up* apparaissent, parmi lesquelles une pub pour un site de poker et une autre pour l'armée. L'enfant sait que s'il clique sur les cartes de poker qui clignotent, il se retrouvera pris dans un bouquet d'autres *pop-up*, dont une pour des bières.

Il rappelle Lolie3. Leur échange en FaceTime sur leur Iphone va durer jusqu'à 2 heures du matin. Leur forfait illimité leur autorise toutes les folies.

De son côté, Max va s'endormir devant la télé pendant que Cécile travaille sur son propre ordi sans fil, connecté au wifi comme tout le reste de la famille. Comme des millions d'autres foyers, l'air de la maison a la même apparence que celui qu'a connu l'humanité depuis des millénaires, mais il a changé de nature. Sa transparence n'est qu'une illusion : il est saturé d'ondes. La plupart arrivent par l'antenne-relais située à 200 m de la maison, puis par les mobiles, d'autres sont propulsées par la Livebox, d'autres encore par le « compteur intelligent » posé par EDF pour que les relevés puissent se faire directement depuis la rue et pour qu'ils fournissent des indications sur les dépenses électriques de chaque pièce. Sans parler des ondes radio ni de celles qui arrivent par satellite pour la télévision, ni des ondes qu'émettent les multiples télécommandes, ni de celles, moins connues, que produisent les lampes et les appareils ménagers, dont les fours à micro-ondes mal réglés. Si elles étaient colorées, on n'y verrait plus rien.

Électrosmog 24 h/24

La maison n'est d'ailleurs qu'un des lieux du brouillard électromagnétique. Dans le métro, le train et le bus, il est impossible d'échapper aux émissions des téléphones mobiles que les usagers portent sur eux et aux GPS. L'effet «cage de Faraday» des véhicules et des bâtiments brouille les champs et suscite une multiplication des ondes pulsées en direction du mobile. On retrouve cet «électrosmog» à l'école, dans les entreprises et les bâtiments administratifs. Les hôpitaux ne sont pas épargnés. Autrement dit, nous y sommes soumis à chaque seconde de la journée et de la nuit. Même les «zones blanches», ces régions qui échappent encore à ces flux invisibles, déjà rares, se réduisent comme des peaux de chagrin.

Ce bouillon d'ondes réalise le scénario des accidentologues craignant qu'un jour une innovation technologique mal évaluée sur le plan toxicologique prenne en otage l'humanité tout entière. Jusqu'à présent les nouveaux risques étaient localisés à certains groupes sociaux. Mais la modernisation des produits et leur mondialisation nous font courir le danger de nous retrouver bientôt avec des produits que tout le monde utilisera et qui, si leur toxicité est reconnue trop tard, feront des dégâts sans précédent. Autrement dit, avec la mondialisation, nous sommes tous montés à bord du même avion. Un seul crash nous mettrait tous en péril.

Le dossier sur la nocivité des ondes revêt ainsi une ampleur incomparable et comporte, pour les opérateurs (Alcatel, Bouygues, Sagem, Orange...), mais aussi pour ERDF et ses lignes à haute tension, des enjeux économiques et assurantiels démesurés. Ce qui explique que, dès les premiers développements du marché dans les années 1990, la littérature scientifique sur les effets de la téléphonie mobile était déjà très abondante et pour le moins contradictoire. Au début, les médias n'abordaient le sujet que très chichement, par des brèves évoquant des recherches qui identifiaient des dommages sur le cerveau, les organes génitaux et l'ADN. Pour les lignes à haute tension, le risque de cancer (leucémie et tumeurs cérébrales) a été mis en évidence dès 1994[39]. Mais les colonnes des journaux se sont ouvertes rapidement à des communiqués mettant en doute ces résultats et à des tribunes citant des études désarmantes. Si bien qu'en 1998, pour la revue *Politique santé*, j'avais commencé à classer les études scientifiques selon leurs sources de financement afin d'y voir plus clair. Il m'est rapidement apparu que deux catégories se dégageaient distinctement : les études financées par les opérateurs étaient aussi nombreuses que celles qui leur échappaient, mais leurs résultats étaient systématiquement opposés, selon une succession qui révélait souvent que les industriels s'employaient à apporter la contradiction aux conclusions alarmantes. Celles des opérateurs étaient globalement rassurantes et les secondes vrai-

---

39. Enrico Pira *et al.*, «Carcinogenic risk of extremely-low-frequency electromagnetic fields: state of the art», *La Medicina del Lavoro*, vol. 85, n° 6, novembre-décembre 1994, p. 447-462.

ment inquiétantes. Un phénomène qu'on retrouve dans tous les dossiers sanitaires impliquant des produits et qui, pour être classique, n'en est pas moins inacceptable car il témoigne de la volonté délibérée des industries de minimiser les risques, ce qui revient tout bonnement à paralyser la prévention et donc à jouer avec des vies. En 2007, avec plus de rigueur que moi, une équipe de l'université de Berne analysera 59 études sur le sujet et montrera que 89 % de celles qui bénéficiaient d'un financement public relevaient au moins un effet négatif sur la santé alors que celles qui étaient financées par les firmes de télécommunication n'en comptaient que 33 %[40].

Une troisième catégorie d'évaluations se composait d'études de synthèse, assorties d'avis apaisants quand elles étaient réalisées à la demande des autorités soucieuses de calmer le débat et, tout à la fois, d'apparaître comme pondérées et responsables. Ensuite, les choses ont commencé à bouger : tandis que les décideurs politiques ont continué à mettre en valeur les études qui exonéraient les opérateurs et oubliaient volontiers celles qui pouvaient nuire au marché, les institutions sanitaires ont évolué vers des recommandations de prudence de plus en plus fermes, marquant leur distance avec le ministère de la Santé.

L'attitude de l'Afsset fut particulièrement intéressante à cet égard. Alors que sa mission officielle

---

40. Anke Huss *et al.*, « Source of funding and results of studies of health effects of mobile phone use: systematic review of experimental studies », *Environmental Health Perspectives*, vol. 115, n° 1, janvier 2007, p. 1-4.

était de réaliser des expertises indépendantes des groupes industriels, le premier rapport qu'elle a remis au gouvernement sur le sujet, le 16 avril 2003, fut si orienté en leur faveur que son contenu apparut manifestement télécommandé. Il n'a pas échappé à André Cicolella, coprésident de la fondation Sciences citoyennes, que « les scientifiques français dont les travaux montrent des effets sanitaires ont été écartés du travail d'expertise de l'Afsse[41] [Agence française de sécurité sanitaire environnementale, devenue ensuite Afsset] ». De même, les recherches mettant en évidence les effets nocifs des mobiles ne sont pas citées dans la bibliographie du rapport.

Les conclusions directement reprises de celles rédigées par le lobby ont sauté aux yeux d'Éric Giacometti, le journaliste du *Parisien* qui a dénoncé la supercherie le jour de la conférence de presse où l'Afsset présentait son rapport. Le journaliste avait même remarqué que, dans leur empressement à coller à la thèse du lobby, les experts avaient oublié d'effacer le logo d'Orange qui apparaissait encore sur certaines pages[42] ! Dans son article, il révélait le fait que le journal *Impact médecine*, destiné aux médecins, avait déjà publié en 2002 une plaquette publicitaire payée par l'opérateur Orange où les principaux experts du groupe de travail de l'Afsset, Denis Zmirou, René de Sèze et Bernard Veyret, tenaient des propos rassurants

41. André Cicolella et Dorothée Benoit-Browaeys, *Alertes santé. Experts et citoyens face aux intérêts privés*, Paris, Fayard, 2005, p. 138.
42. Entretien avec l'auteur, avril 2003.

sur les mobiles, alors que l'enquête venait à peine de démarrer. Il enfonçait le clou : «C'est une première dans l'histoire des agences de santé françaises que des experts mandatés collaborent à une pub au moment de se voir confier une mission [43].» André Aschieri, le père de l'Afsset, a lui-même dénoncé ce rapport et rappelé les circonstances fâcheuses de la conférence de presse : «Denis Zmirou se défend auprès du journaliste : "Je ne savais pas que c'était payé par Orange, je pense que je me suis fait piéger par *Impact médecine*".» Claudine du Fontenioux, directrice générale de la revue, dément cette confusion et aggrave la charge : «Non, ils savaient qu'ils participaient à un document publicitaire et ont relu le texte avant parution.» Parmi les questions posées aux auteurs du rapport, le problème des liens d'intérêt avec les opérateurs est bien sûr soulevé par des journalistes. Les experts sont mal à l'aise, l'un d'eux croit bon de s'emporter : «Et moi, je vous demande si vous avez des liens d'intérêt avec les groupes qui passent des publicités dans vos journaux ?» La comparaison choque l'auditoire : la question de la liberté de la presse est importante et vaut d'être posée, mais il s'agit aujourd'hui de celle d'experts qui ont pour mission de protéger des vies humaines, dans le cadre d'une agence créée pour soustraire la recherche sanitaire aux pressions industrielles [44]...» Denis Zmirou démissionnera de l'Afsset

---

43. Éric Giacometti, *Le Parisien*, 15 avril 2003.
44. André Aschieri et Roger Lenglet, *Silence, on intoxique*, Paris, La Découverte, 2005.

deux ans après cette affaire, dénonçant à son tour des pressions, mais sans préciser lesquelles[45].

Un groupe de scientifiques du Comité scientifique sur les champs électromagnétiques (CSIF-CEM), une ONG composée de chercheurs (dont les spécialistes Roger Santini et Pierre Le Ruz), fera une critique méthodique du rapport et proposera une étude de synthèse autrement sérieuse dans un Livre blanc, *Votre GSM, votre santé: on vous ment*[46]! Des associations comme Robin des toits, Priartem, Criirem ou Next-up[47] mobiliseront un public de plus en plus large en assurant la diffusion des études scientifiques qui appellent d'urgentes mesures de santé publique.

Au cours des années suivantes, après que l'inspection générale des Affaires sociales ait discrédité à son tour le rapport et dénoncé les liens d'intérêt de certains de ses auteurs[48], l'Afsset reviendra sur ces ondes avec des analyses révélant progressivement leurs dangers, guettés par les observateurs échaudés, y compris au sein de son conseil d'administration où ne siègent pas

45. Denis Zmirou-Navier, «Pourquoi j'ai démissionné de l'Afsset», *Le Monde*, 10 juin 2005.

46. Roger Santini, Pierre Le Ruz, Daniel Oberhausen et Richard Gautier, *Votre GSM, votre santé: on vous ment!*, Esch-sur-Alzette, Éditions Marco Pietteur, 2004.

47. Priartem: Pour une réglementation des antennes relais de téléphonie mobile.

Robin des toits: Association nationale pour la sécurité sanitaire dans les technologies sans fil.

Criirem: Centre de recherche et d'information indépendant sur les rayonnements.

Next-up: ONG de défense de l'environnement naturel, contre les irradiations des champs électromagnétiques.

48. IGAS/IGE, *Évaluation des méthodes de travail scientifique de l'AFSSE*, janvier 2006.

seulement les ministères et les lobbyistes industriels mais aussi des représentants d'associations et André Aschieri, de plus en plus aiguisés.

Une nocivité bien documentée

Il est bon de rappeler que le problème des ondes électromagnétiques est connu des toxicologues depuis les années 1940 avec la généralisation des appareils radio, des radars militaires, des talkies-walkies, la pose de lignes à haute tension et l'électrification massive des entreprises. Ils ont très tôt observé que ces ondes pouvaient affecter le cerveau et le système cardiaque, en particulier dans le monde du travail où des ouvriers exposés en étaient victimes. C'est précisément la raison pour laquelle les autorités, malgré des inerties qui restent aberrantes, ont réglementé l'intensité des émissions et interdit certaines fréquences et longueurs d'ondes très dangereuses, bien avant que le téléphone mobile donne une dimension nouvelle au problème. En France, le dossier est revenu plusieurs fois sur la table, notamment avec une enquête des caisses régionales d'Assurance maladie et l'INRS en 1978, qui avait conduit ses auteurs à préconiser certaines normes[49]. La nécessité d'encadrer les usages des ondes électromagnétiques avait ressurgi dans des commissions où l'on discute des règles à respecter dans la fabrication et le

---

49. Jean-Paul Vautrin *et al.*, « Risques liés aux rayonnements électromagnétiques », *Notes documentaires* 1127-92-78 et 1378-107-82, INRS.

contrôle des portiques antivol installés dans les banques, les musées et les grands magasins, des appareils ménagers, hospitaliers, militaires ou professionnels[50]...

Le problème de ces ondes est leur caractère insidieux. De ce point de vue, elles nous désarment comme les ondes ionisantes (radioactivité) et la plupart des substances toxiques qui arrivent sur le marché : sous un certain seuil, aucune douleur ne les signale[51] (sauf chez les personnes particulièrement sensibles, en l'occurrence les électrosensibles[52]). Raison pour laquelle la toxicologie est indispensable et devrait avoir une place de plus en plus grande dans notre société, ce qui n'est malheureusement pas le cas.

Quand André Aschieri a été nommé rapporteur parlementaire sur les risques sanitaires, en octobre 1998, il a découvert que la recherche pointait déjà divers impacts sur l'organisme : « Rupture de brins d'ADN[53], perméabilisation de la barrière méningée qui pourrait faciliter le passage de substances toxiques vers le cerveau[54], interférences sur certaines prothèses

---

50. Commission de la sécurité des consommateurs, *XIIIᵉ rapport au président de la République et au Parlement*, Éditions des Journaux officiels, Paris, 1997.
51. L'effet thermique des ondes électromagnétiques est en revanche sensible au-delà d'une certaine durée. C'est l'effet « micro-onde », utilisé par les fours du même nom, lié à la conversion de l'énergie électromagnétique en chaleur quand elle touche les tissus organiques.
52. La Suède considère officiellement cette atteinte comme un handicap physique et la Grande-Bretagne reconnaît l'électrosensibilité depuis 2005.
53. Henry Lai et Narendra P. Singh, « Single - and double - strand DNA breaks in rat brain cells after acute exposure to radiofrequency electromagnetic radiation », *International Journal of Radiation Biology*, vol. 69, 1996, p. 513-521.
54. Leif G. Salford et al., « Permeability of the blood-brain barrier induced by 915 MHz electromagnetic radiation, continuous wave and modulated at 8,50, and 200 Hz », *Microscopy Research and Technique*, vol. 27, 1994, p. 535-542.

comme le défibrillateur implantable et le stimulateur cardiaque, modifications de l'activité cérébrale... Et d'autres risques étudiés chez l'animal : augmentation éventuelle des cas de tumeurs du cerveau et de leucémie, surmortalité des poulets embryonnaires[55]... » Ces aspects l'avaient conduit à interpeller le ministre de la Santé, Bernard Kouchner, à l'Assemblée nationale, pour lui demander ce qu'il comptait faire. André Aschieri rappelle ce qui s'était alors passé : « Comme le veut l'usage, j'avais préalablement envoyé une copie de ma question au cabinet du ministre, pour qu'il ait le temps de s'informer auprès de ses conseillers avant de répondre. Pour plus de sécurité, je retéléphonai le matin même précédant mon intervention. Le Dr Gilles Dixsaut, conseiller à la DGS, qui devait préparer la réponse de Bernard Kouchner, me répondit : « Pas de problème, je m'en occupe tout de suite, je vais demander à Jean-Claude Bouillet, qui me répondra rapidement... » Bouillet ? Je ne connaissais que lui. Jean-Claude Bouillet est un éminent responsable de la communication chez... Bouygues, l'un des grands opérateurs français de la téléphonie mobile. Nous nous confrontions à longueur de colloques sur la téléphonie mobile aux quatre coins de France. J'étais stupéfait, mais j'avais appris une chose importante : quand le ministère de la Santé veut des éléments de réponse sur une question sanitaire liée aux portables, c'est Bouygues qu'il appelle[56]. »

---

55. André Aschieri et Roger Lenglet, *Silence, on intoxique, op. cit.*
56. *Ibid.*

L'année 2001 a fait monter la pression de plusieurs crans. Le Centre international de recherche sur le cancer (CIRC) a classé les champs électromagnétiques comme «cancérogènes possibles chez l'homme» au regard d'études épidémiologiques chez l'enfant tendant à confirmer le rôle des lignes à haute tension dans la concentration de cas de leucémies. En décembre de la même année, le programme de recherche Comobio (pour Communications mobiles et biologie) a renouvelé le soupçon des effets des ondes de la téléphonie mobile sur la barrière hémato-encéphalique chez le rat et rappelait l'importance des travaux de Salford et de son équipe scientifique ayant «montré une perméabilisation des vaisseaux cérébraux pour des valeurs compatibles avec les émissions des téléphones mobiles GSM». Ils rappelaient aussi que «l'extravasation de protéines plasmatiques (EPP) qui en résulte est impliquée au premier chef dans la genèse des crises de migraines, qui constituent l'un des symptômes cités par les utilisateurs de téléphones mobiles». Les résultats de Comobio apportaient par ailleurs des éléments confirmant «une augmentation du nombre d'astrocytes [cellules du système nerveux central], traduisant une inflammation, signe d'une souffrance neuronale[57].»

Parallèlement, l'attention s'est fixée aussi sur les antennes-relais, souvent fixées près des habitations, voire posées dessus, ou a proximité de crèches, d'écoles

---

57. Anne-Laure Mausset et René de Sèze, «Effets de signaux GSM sur les neurotransmetteurs et leurs récepteurs chez le rat», sous-projet 8, Comobio, 2001.

ou d'hôpitaux. On a rapidement compté plus de 30 000 antennes-relais dans l'Hexagone et 40 millions d'utilisateurs de mobiles, puis 50 millions[58]. Avec un chiffre d'affaires en France qui atteignait alors 11 milliards d'euros et qui progressait chaque année, les opérateurs étaient moins disposés que jamais à alerter l'opinion.

Conscient des enjeux, André Aschieri, alors député des Alpes-Maritimes, avait bien déposé au Parlement une proposition de loi à ce sujet, rédigée avec les députés du groupe santé-environnement de l'Assemblée. « Mais, il a été impossible de la soumettre au vote, explique-t-il, le gouvernement n'ayant pas jugé bon de l'inscrire à l'ordre du jour du Parlement... La proposition de loi encadrait aussi les risques liés à l'utilisation des téléphones mobiles. Elle s'appuyait en particulier sur les conclusions du rapport du National Institute of Working Life suédois mettant en garde contre le risque de perturbations cérébrales comme les maux de tête, difficultés de concentration, perte de mémoire, fatigue et troubles du sommeil. Un article de la proposition prévoyait de rendre obligatoire, lors de la vente du téléphone, la fourniture d'un kit mains libres. (...) Depuis, des chercheurs ont porté à ma connaissance de nouvelles études. Notamment celle d'une équipe italienne soupçonnant le rôle des fréquences radios dans l'aggravation du risque

---

58. On a passé le cap de 65 millions de téléphones mobiles dans l'Hexagone en 2011 et le taux de pénétration dans la population française atteignait 99,7 %. Source : *Le Figaro économie*, 4 février 2011.

de leucémies chez l'enfant (risque multiplié par un facteur 2,2) [59].»

Les études accablantes ont continué de s'accumuler sans que le gouvernement ne laisse entrevoir de signes d'anxiété. En 2003, des confirmations ont été publiées dans les revues scientifiques apportant des confirmations sur l'augmentation des tumeurs du côté de l'utilisation du mobile [60], la déstabilisation des chromosomes [61], la perturbation de l'activité cérébrale [62]... Neuf enquêtes épidémiologiques mettent en exergue un risque tumoral lié à l'utilisation du portable ,et accru avec la durée d'utilisation [63] : le risque pour le neurinome de l'acoustique est multiplié par 3,5 [64] et par 42 [65] pour le mélanome uvéal (touchant l'œil).

---

59. Ibid. et Paola Michelozzi et al., « Adult and childhood leukemia near a high-power radio station in Rome, Italy », *American Journal of Epidemiology*, vol. 155, n° 12, 2002, p. 1096-1103.

60. Lennart Hardell, Kjell Hansson Mild et Michael Carlberg, « Further aspects on cellular and cordless telephones and brain tumours », *International Journal of Oncology*, vol. 22, n° 2, février 2003, p. 399-407.

61. M. Mashevich, « Exposure of human peripheral blood lymphocytes to electromagnetic fields associated with cellular phones leads to chromosomal instability », *Bioelectromagnetics*, vol. 24, n° 2, février 2003, p. 82-90.

62. Andrew A. Marino, Erik Nilsen, Clifton Frilot, « Nonlinear changes in brain electrical activity due to cell phone radiation », *Bioelectromagnetics*, vol. 24, n° 5, juin 2003, p. 339-346.

63. Michael Kundi et al., « Mobile telephones and cancer. A review of epidemiological evidence », *Journal of Toxicology and Environmental Health*, vol. 7, n° 5, sept.-oct. 2004, p. 351-384.

64. Tumeur localisée sur le circuit nerveux reliant le système acoustique au cerveau.

65. Tumeur affectant le tissu vasculaire de l'œil.

En 2007, un groupe d'experts internationaux indépendants publiait le rapport BioInitiative, un énorme travail de synthèse [66] passant en revue plus de 2 000 études. Ils en concluent que l'impact délétère des ondes de la téléphonie mobile sur les fonctions cognitives et neurophysiologiques et sur le comportement est bien documenté, y compris à des puissances inférieures aux normes conseillées. Ils constatent aussi une élévation de 310 % du risque de tumeur du cerveau et de 200 % de celui du nerf acoustique après dix ans d'utilisation d'un mobile.

En 2010, une première partie de la gigantesque étude Interphone lancée sous l'égide du CIRC, dans une trentaine de pays, auprès de 14 000 volontaires est parue en mai 2010. Elle a confirmé un risque accru de tumeurs cérébrales chez ceux qui ont utilisé un téléphone mobile pendant une demi-heure quotidienne sur dix ans, tout en ayant une conclusion générale sur les ondes se voulant si « rassurante » que tous les spécialistes s'en sont étonnés [67]. On attend toujours la publication de la partie qui concerne les enfants.

---

66. BioInitiative Working Group, *BioInitiative Report: A Rationale for a Biologically-based Public Exposure Standard for Electromagnetic Fields*, 31 août 2007. www.bioinitiative.org.
67. THE INTERPHONE Study Group, « Brain tumour risk in relation to mobile telephone use: results of the INTERPHONE international case-control study", *International Journal of Epidemiology*, juin 2010, vol. 39, n° 3, p. 675-694. Voir à ce sujet *Menaces sur nos neurones, op. cit.*

Des académies instrumentalisées

Au cours des années 2000, la justice a commencé de son côté à prendre position en faveur des plaignants dans les procès qui les opposent aux industriels qui implantent des antennes-relais. Cette jurisprudence est si nette qu'elle a même fait sortir du bois des acteurs habituellement discrets et elle a révélé par la même occasion certains réseaux d'influence... L'Académie des sciences, l'Académie des technologies et l'Académie de médecine ont publié, le 17 décembre 2009, un avis commun s'immisçant dans le traitement des affaires judiciaires en cours pour mettre en cause l'objectivité des juges en soutenant que « réduire l'exposition aux ondes des antennes-relais n'est pas justifié scientifiquement [68] ». Il fallait oser, car cela revenait non seulement prendre les magistrats pour des gens incapables de lire les études existantes et de se faire une opinion objective, mais faire comme si deux mois avant, le nouveau rapport scientifique de l'Afsset était vide, alors qu'il confirmait que les inquiétudes étaient justifiées en reconnaissant cette fois de façon incontestable les effets cellulaires des expositions : apoptose (mort autoprogrammée des cellules neuronales, stress oxydatif...) [69]. De façon cohérente, l'Agence recommandait cette fois d'abaisser au maximum l'exposition de la population.

---

68. Académie de médecine, Académie des sciences et Académie des technologies, « Réduire l'exposition aux ondes des antennes-relais n'est pas justifié scientifiquement », 17 décembre 2009.
69. Afsset, groupe de travail Radiofréquences, *Mise à jour de l'expertise relative aux radiofréquences*, rapport d'expertise collective, 15 octobre 2009.

Quelle mouche a donc piqué les académies pourtant composées d'éminents scientifiques? Avaient-ils vraiment lu les études ou s'étaient-ils simplement laissé dicter ce rapport par des mains expertes en influence?

Les langues ne se délient pas facilement à ce sujet. En revanche, on retrouvera une partie de ce vaste réseau de scientifiques habitués à travailler avec les industriels dans la fondation *Écologie d'avenir*, un think tank créé par l'ancien ministre de la Recherche et de l'Éducation nationale, Claude Allègre, avec le soutien des entreprises du CAC 40. L'homme qui aime répéter «le risque, c'est la vie» a pris également l'habitude de nier l'importance des risques liés à l'amiante, au nucléaire, au réchauffement climatique, à la pollution... Il a aussi déclaré explicitement la guerre au principe de précaution. Après avoir logé sa fondation dans des locaux de la Société chimique de France (SCF), une structure de lobbying de l'Union des industries chimiques (UIC), Claude Allègre s'est finalement installé sous les ors de l'Institut de France, ou siège l'Académie des sciences. L'ancien ministre s'est bâti un solide carnet d'adresses où figurent les plus puissantes industries et beaucoup de leaders d'opinion de la communauté scientifique. *Écologie d'avenir* affiche clairement l'ambition d'«alimenter un débat scientifique et technique permanent entre spécialistes académiques et membres des entreprises partenaires». Traduction: les chercheurs qui veulent simplement faire leurs travaux de recherche sur les sujets qui concernent la santé publique et l'environnement n'ont qu'à aller se rhabiller s'ils ne veulent pas s'entendre avec les industriels. Alstom, le fabricant de centrales nucléaires, et Limagrain, le semencier, grand utilisateur de pesticides, ont apporté leur soutien actif à la fondation, suivis par le PDG de SFR, Frank Esser, qui siège au sein de la fondation. Pour l'anecdote, signalons que des dirigeants de Pernod-Ricard l'ont aussi rejoint. Claude Allègre les connaît bien puisqu'il préside le comité scientifique du puissant alcoolier. Osera-t-il un jour ourdir un rapport niant les dangers de l'alcool ?

Les autorités se révisent

Suite au rapport de 2009 de l'Afsset, le ministère de la Santé a dû modifier quelque peu sa position. Il a émis la recommandation de téléphoner avec modération, d'être vigilant dans les zones de mauvaise réception (la puissance d'émission est alors multipliée par 1 000), d'utiliser un kit mains libres, de conseiller aux enfants un usage modéré du téléphone, d'éviter de téléphoner en se déplaçant, etc. Mais, sans s'expliquer, le ministère ne demande pas la révision à la baisse des valeurs limites d'exposition, ni de mesure d'interdiction du portable pour les enfants, ni d'abaissement du taux d'émission des appareils. Pourtant, les sénateurs ont voté en 2009 l'interdiction de l'usage du téléphone portable dans les maternelles, les écoles primaires et les collèges. L'Assemblée nationale a suivi et la loi a été promulguée en juillet 2012[70]. Reste à se

---

70. Loi n° 2010-788 du 12 juillet 2010 – art. 183 (V).

donner les moyens de la faire appliquer aux élèves et aux enseignants...

En mai 2011, le Conseil de l'Europe a adopté une résolution clamant haut et fort la nocivité des téléphones portables et exigeant rapidement une baisse importante de la valeur-limite d'exposition. Le Conseil de l'Europe propose de s'attaquer aux conflits d'intérêts des experts et des décideurs... Il demande aussi la reconnaissance médicale spécifique de l'électrohypersensibilité, la mise en place de zones blanches et l'interdiction non seulement des téléphones portables dans les écoles mais aussi des technologies sans fil[71]. Pour la première fois, un rapport officiel prend la mesure de la nécessité à réduire d'urgence l'ensemble des expositions aux différents types d'ondes.

En revanche, la position de l'OMS n'est pas d'une clarté exemplaire. Alors que l'usage du portable a deux types d'effets sur le cerveau – des effets thermiques (il chauffe les tissus organiques en agitant les cellules selon le même principe que le four à micro-onde) et des effets biologiques (agissant sur les composants des cellules) –, les normes fixées par l'OMS ne prennent en compte que les premiers. Cette situation est d'autant plus regrettable que les valeurs-limites retenues par l'OMS et l'UE proviennent de l'ICNIRP[72], un organisme privé proche des opérateurs dont un des experts,

---

71. Jean Huss, rapporteur, « Le danger potentiel des champs électromagnétiques et leur effet sur l'environnement », rapport de la Commission de l'environnement, de l'agriculture et des questions territoriales, Conseil de l'Europe, 6 mai 2011.
72. International Commission on Non-Ionizing Radiation Protection.

le Pr Anders Ahlbom, a ouvert le cabinet de lobbying Gunnar Ahlbom AB, à Bruxelles, pour protéger les intérêts des industriels de la téléphonie et influencer la réglementation européenne en leur faveur. En mai 2011, il devra se retirer du groupe d'experts du CIRC chargé de travailler sur les effets cancérigènes des mobiles, après la découverte de ses conflits d'intérêts et des liens qu'il avait cachés avec l'opérateur suédois de téléphonie Telia Sonera.

Sept ONG représentant des scientifiques et des médecins, dont le réseau Environnement et Santé, ont réclamé les déclarations d'intérêt des experts mandatés par le CIRC. Sur la liste des participants enfin publique, on peut voir que l'expert français, René de Sèze, a perçu plus de 100 000 euros de la fondation Santé et Radiofréquences, une structure financée à 50 % par Bouygues Telecom, Orange France, SFR, Alcatel-Lucent, Ericsson France, Motorola, TDF et Towercast.

À l'issue des derniers travaux du CIRC et de l'OMS en 2011, cette dernière a décidé aussi d'intégrer les ondes des mobiles dans la catégorie des « cancérogènes possibles pour l'homme ». Logiquement, la CE et les ministres de la Santé de l'UE devraient en tirer des mesures de prévention consistantes.

Il est intéressant de noter que les compagnies d'assurance comprennent souvent l'ampleur du risque bien avant les décideurs. C'est encore le cas avec la téléphonie mobile. Depuis les années 2000, de grandes compagnies refusent d'assurer les entreprises contre ce risque. Ainsi Axa a exclu, le 1er janvier 2007, « les dommages de toute nature causés par les champs et ondes électromagnétiques» dans un contrat de responsabilité civile[73]. Les réassureurs (sociétés qui couvrent les assureurs) sont sur la même longueur d'onde. Un des plus importants d'entre eux, la Lloyds, a publié fin 2010 un rapport d'évaluation des risques sanitaires liés aux téléphones mobiles[74]. Six mois avant l'avis du CIRC, elle relevait «un risque accru de certains cancers du cerveau» et une exposition des enfants «supérieure aux limites recommandées». Elle craint qu'une compagnie puisse être condamnée «pour avoir caché les preuves de la dangerosité des champs électromagnétiques (CEM)». Pour la Lloyds, «la comparaison entre l'amiante et les CEM est évidente»: comme pour l'amiante, le danger des CEM a pu être sous-estimé et «pourrait croître de façon exponentielle pendant de nombreuses années»...

Concernant les lignes à haute tension, les études ont aussi progressé. On sait aujourd'hui que les travailleurs exposés à des ondes à «extrêmement basse fréquence», comme les techniciens des compagnies d'électricité, ont un risque de maladie d'Alzheimer doublé[75], et

---

73. Ian Hamel, «Les mauvaises ondes des compagnies d'assurances», *Bakchich Info*, 15 avril 2009.

74. Équipe des risques émergents de la Lloyds, *Electromagnetic fields from mobile phones: recent developments, Lloyd's emerging risks team report*, novembre 2010, version 2.0.

75. Ana M García *et al.*, «Occupational exposure to extremely low frequency electric and magnetic fields and Alzheimer disease: a meta-analysis», *International Journal of Epidemiology*, avril 2008, vol. 37, n° 2, p. 329-340. Cité dans Marie Grosman et Roger Lenglet, *Menace sur nos neurones, op. cit.*

même quadruplé pour les plus exposés[76]. Ils ont aussi un risque deux à trois fois plus élevé de sclérose latérale amyotrophique selon la durée d'exposition[77]. Des chercheurs estiment que ces résultats peuvent être extrapolés à la population générale[78].

Avec Marie Grosman, j'ai pu observer que malgré l'abondance de la littérature scientifique, l'Afsset a attendu 2010 pour noter que «l'hypothèse de l'implication de ces champs dans les pathologies neurodégénératives (Alzheimer et sclérose latérale amyotrophique) ne peut être écartée[79].»

Il est 23 h 57. Cécile et Max sont allés se coucher. Cécile se retourne entre ses draps pendant que son époux grince à nouveau des dents. Elle croit que tout le monde dort sauf elle. Elle se trompe : Félix est toujours en grande conversion avec Lolie3 sur son portable sans kit filaire. Il ne la quittera que dans deux heures. Heureux. Et les nuits suivantes, il recommencera.

---

76. Niclas Håkansson *et al.*, «Neurodegenerative diseases in welders and other workers exposed to high levels of magnetic fields», *Epidemiology*, vol. 14, n° 4, juillet 2003, p. 420-428. Cité dans Marie Grosman et Roger Lenglet, *Menace sur nos neurones, op. cit.*

77. David A Savitz *et al.*, «Magnetic field exposure and neurodegenerative disease mortality among electric utility workers», *American Journal of Epidemiology*, juillet 1998, vol. 9, n° 4, p. 398-404.

78. Zoreh Davanipour *et al.*, «A case-control study of occupational magnetic field exposure and Alzheimer's disease: results from the California Alzheimer's Disease Diagnosis and Treatment Centers», *BMC Neurology*, juin 2007, vol. 9, p. 7-13.

79. Afsset, Comité d'experts spécialisés (CES): agents physiques, nouvelles technologies et grands aménagements, «Champs électromagnétiques extrêmement basses fréquences», mars 2010.

Épilogue

Le lobbying qui se cache derrière une simple journée est si profus qu'une encyclopédie ne suffirait pas pour en lever tous les voiles. Notre échantillonnage en donne déjà un aperçu instructif qui montre la nécessité d'imposer sans tarder des limites à ces pratiques d'influence qui, à notre insu, s'approprient le monde et décident à notre place de ce que nous avalons, respirons, de la manière dont nous dormons, jouons, préparons notre retraite et mourons.

On se convaincra mieux encore de ce dernier point si l'on songe à la mère de Max, qui s'est vu prescrire des bisphosphonates pour « maintenir la densité osseuse de son squelette », alors qu'elle n'en a nullement besoin et que le médicament est loin d'être anodin[1]. Après seulement quelques mois de traitement, elle en subit

---

1. En 2008, l'Afssaps a envoyé une lettre aux médecins, aux dentistes et aux chirurgiens pour informer les premiers de ne surtout plus en prescrire pour la « pré-ostéoporose », et les autres de ne jamais intervenir sur la mâchoire des patients traités avec des bisphophonates, car l'acte déclenche presque à tout coup la nécrose.

les effets secondaires sous la forme d'une nécrose de la mâchoire, qui transforme son existence en cauchemar. Cette femme encore jeune – elle vient de fêter ses 56 ans – fait partie des innombrables patientes aujourd'hui convaincues de devoir avaler ce médicament dès leur ménopause pour éviter une ostéoporose. Une vaste campagne de «sensibilisation» lancée par les firmes pharmaceutiques depuis des années auprès des médecins et du public vise en effet à les pénétrer de l'idée qu'il faut en consommer le plus tôt possible. Par une action de lobbying bien menée, la norme à partir de laquelle on considère que la densité des os peut être considérée comme annonciatrice d'une «préostéoporose[2]» a baissé. Cette stratégie consistant à faire modifier les taux considérés comme alarmants ne date pas d'hier: elle a permis d'étendre le marché déjà énorme des «prescriptions préventives», en particulier sur le terrain des médicaments censés réduire les risques cardio-vasculaires, un secteur qui leur assure un retour sur investissement de 35% par an.

Les laboratoires ont longtemps préféré omettre de signaler sur les notices des bisphosphonates le risque de déclencher une nécrose mandibulaire ou maxillaire. Cette complication étant de plus en plus souvent signalée aux Centres de pharmacovigilance par les dentistes et par les médecins, les firmes la signalent désormais sur leurs notices, mais en affirmant que les cas restent rares et qu'on les rencontre plutôt dans les traitements à haute dose prescrits contre des cancers.

---

2. Dite aussi «ostéopénie».

Or, les témoignages de patients et de médecins que je recueille me font penser que leur fréquence est largement sous-estimée et s'accroît.

La minimisation des effets secondaires est l'un des points communs aux nombreux scandales pharmaceutiques qui ont marqué l'opinion : de la pilule de troisième génération au Mediator, en passant par le Vioxx, les statines et 70 autres médicaments qui sont entrés sous haute surveillance en 2012 grâce à la pression de l'opinion, c'est cette technique qui a présidé aux catastrophes. Pour les bisphosphonates, le lobbying n'a pas consisté, comme dans le cas du Mediator, à élargir abusivement les indications à des troubles différents : l'indication concerne cette fois la même maladie mais on a élargi le spectre des indices laissant penser que l'affection pourrait advenir. C'est la formule du Dr Knock, prescripteur de traitements longue durée aux bien portants, qui prévaut dans ce dossier : « Une personne en bonne santé est un malade qui s'ignore[3]. » Elle permet aux multinationales du médicament de faire des miracles, à commencer par faire s'envoler les revenus de leurs gros actionnaires.

Le dossier des bisphosphonates n'est qu'un des prochains scandales sanitaires qui surgiront à la une de l'actualité dans un avenir proche, d'autant que beaucoup de médecins et de dentistes traitent les circulaires de l'Agence du médicament comme de vulgaires prospectus publicitaires, certains avouant même ne « jamais prendre le temps de les lire ». Celui

---

3. Jules Romain, *Knock ou le Triomphe de la médecine*, 1923.

des expérimentations sur les pensionnaires de maisons de retraite sur qui l'on teste des médicaments à leur insu en rémunérant les gestionnaires (malgré la loi sur le consentement éclairé et la liberté de choix) apportera la matière d'un autre scandale. Comme celui des laines de roches et des laines céramiques, qui, nous l'avons vu, prépare des vagues de cancers que nous aurions pu facilement éviter, comme ceux des chloramines des piscines, des nanomatériaux, des ondes, des amalgames dentaires, du formaldéhyde dans les plastiques et les tissus, des sels d'aluminium dans l'eau du robinet, dans les pansements gastriques et l'alimentation industrielle... Comme cent autres.

La révolution toxicologique est urgente ; chaque jour qui passe allonge la farandole des expositions folles. Elle devra d'ailleurs s'accompagner d'une législation limitant et encadrant le lobbying... Mais pour cela, la mobilisation de chacun sera nécessaire. Elle a d'ailleurs déjà commencé, comme nous allons le voir.

Vademecum de l'anti-lobbying

Les démocraties ne sont pas immortelles. Plus fragiles que les civilisations, elles n'en sont pas moins présomptueuses, et sous-estiment toujours les pratiques qui les gangrènent, au point de les laisser s'institutionnaliser, par confort, corruption et négligence. Ainsi, l'installation des lobbies au cœur du pouvoir s'est banalisée, bien que leurs objectifs particuliers contredisent largement l'intérêt général : l'Assemblée nationale et le Sénat ont légalisé leur présence en 2009, par un règlement intérieur officialisant le droit de leurs représentants à déambuler dans les couloirs et à s'enfermer avec les élus en tête à tête. Ces représentants négligent d'ailleurs le plus souvent de signer le registre des lobbyistes alors que leur inscription est obligatoire. «Fin 2012, seuls 173 lobbyistes sont inscrits à l'Assemblée et 115 au Sénat sur plus de 4 600 répertoriés par Transparency et Regards Citoyens» notait le rapport 2013 de Transparency International.

Les rencontres dînatoires et les colloques organisés par les lobbies au sein même de ces institutions se sont multipliés. Ces rencontres permettent aussi de nouer des relations avec les attachés parlementaires et de les enrôler, en échange de rémunérations discrètes[1]. J'ai pu encore identifier en 2012 la persistance de cette pratique au profit des cigarettiers.

Les élus « omettent » aussi fréquemment de noter qu'ils ont reçu les lobbyistes et se gardent souvent de les citer dans leurs rapports parmi les personnes auditionnées[2]. Voilà qui permet de laisser dans l'ombre les influences inavouables et les propositions de loi ou les projets législatifs qu'ils leur ont laissé le soin de rédiger[3]. De leur côté, les ministères leur font la part belle, même l'Intérieur et l'Élysée se sont permis, au cours des mandats de Nicolas Sarkozy, de rémunérer à l'année des conseillers-lobbyistes, tels Stephan Desnoyes et Frédéric Lefebvre, dont l'agence Pic Conseil-Domaines Publics travaille, entre autres, pour les cigarretiers, les casinos, les opérateurs de téléphonie mobile, l'industrie agro-alimentaire et l'industrie pharmaceutique, et enrôle des collaborateurs de députés dans des missions d'influence[4].

---

1. Pratiques dénoncées par Séverine Tessier, fondatrice, avec le juge Éric Halphen d'Anticor, (association anti-corruption). Entretien avec l'auteur, janvier 2011.
2. Transparency International France, Rapport 2011.
3. Voir, à ce sujet, Roger Lenglet et Olivier Vilain, *Un pouvoir sous influence. Quand les think tanks confisquent la démocratie*, Armand Colin, 2011.
4. « Les lobbies au cœur de la République », enquête de Nicolas Bourgoin, « Lundi Investigation », Canal +, 11 décembre 2006. Mis en ligne sur le Net. Voir également Vincent Nouzille et Hélène Constanty, *Députés sous influence : le vrai pouvoir des lobbies*, Fayard, 2006.

Une variante de cette pratique s'est considérablement développée chez le législateur et dans les ministères : porter les réformes ou les rapports rédigés par les think tanks financés par les entreprises du CAC 40 (les opérateurs de téléphonie, les groupes pétroliers, les multinationales du nucléaire, les banques, etc.) ou travaillant pour les cabinets de lobbying[5]. Au cours de la dernière décennie, les élus et les décideurs politiques se sont tellement laissés convaincre qu'ils ne pourraient pas sérieusement constituer leurs dossiers et bâtir leurs textes de loi sans que les agences de lobbying leur tiennent la plume que beaucoup ont multiplié les déclarations publiques pour s'en justifier. Or cette aide va jusqu'à la livraison de projets finalisés, clé en main.

Des légions de lobbyistes ont aussi leur bureau à Bruxelles, où ils côtoient tous les jours les membres de la Commission européenne, souvent sans même prendre la peine de porter leur nom sur le registre qui, de toute façon, n'est que facultatif. Mieux : en contrôlant les déclarations d'intérêts que les députés européens doivent obligatoirement remplir en prenant leur fonction en début de mandat, j'ai pu constater que la plupart s'abstenaient de le faire, sans refuser les cadeaux des lobbyistes.

Autre signe des temps : les ouvrages rédigés par des lobbyistes pour redorer l'image de leur profession et servir de manuels pratiques aux aspirants sont devenus pléthoriques. Ce job n'a jamais eu

---

5. Roger Lenglet et Olivier Vilain, *op. cit.*

autant le vent en poupe. Terriblement à la mode, il s'enseigne dorénavant jusque dans les universités. En France, les étudiants en possession d'un master en lobbying arrivent sur le marché de l'emploi chaque année par centaines. Il est vrai que ce diplôme ouvre aussi facilement les portes des directions d'entreprise et des ministères que les formations en management ou en gestion. Avec, en plus, une séduisante aura de mystère.

En temps de crise sur fond de compétitivité détricotant activement la protection sociale, dans un contexte où les politiques et les hauts fonctionnaires marchandisent plus que jamais leur fonction et leur carnet d'adresses[6], les agences voient également venir à elles une cohorte grossissante de transfuges de l'État et de l'Administration territoriale, dont une partie reviendra au service public plus tard, le temps d'un mandat électoral ou pour retrouver un poste public. Ce mouvement ne cesse de s'accélérer. Dans le domaine de la santé, ces messagers au double vol infléchissent les normes et les décisions au gré de leurs clients, entretenant une véritable paralysie de la prévention quand il faudrait limiter ou interdire certains produits.

Il est urgent d'équilibrer ces pressions par la mobilisation des contre-pouvoirs agissant en faveur de

---

6. Transparency International a souligné dans ses rapports annuels le fait que l'exacerbation de la concurrence et le mouvement de privatisation générale se révèlent être des facteurs déterminant de l'aggravation du niveau de corruption. *Profession corrupteur, op. cit.*

l'intérêt commun. Pour y parvenir, une seule solution : suivre avec attention les modes d'action des groupes économiques et les porter à la connaissance de tous. C'est l'objectif premier de ce livre. En donnant une plus grande visibilité à leurs actions, on permettra aux vertus de la démocratie de s'exprimer avec une pertinence accrue et aux citoyens de jouer leur rôle avec une plus grande lucidité. Les élus n'en seront que plus responsables devant leurs actes.

Il est grand temps que les citoyens et leurs associations d'intérêt général obligent les élus à remplir leur fonction démocratique en limitant le lobbying et en recevant à part égale les représentants des différents acteurs de la société. Chaque fois que le législateur prétend s'attaquer seul aux dérives des lobbyistes, sa démarche officialise leur existence par des règlements et des déclarations qui le légitiment. Ce fut le cas en 2006 avec le rapport parlementaire de l'UMP sur le lobbying, puis en 2007 avec le colloque organisé par Jean-Paul Charié (UMP) dans les murs de l'Assemblée, qui rassemblait 350 lobbyistes, à nouveau en 2008 avec le rapport du même député qui dressait un panégyrique du lobbying, puis encore en 2009, avec le règlement édicté par le Bureau de l'Assemblée qui n'a fait qu'autoriser l'omniprésence des professionnels de l'influence au Palais-Bourbon au lieu de les contenir. La même année, le Sénat a emboîté le pas après avoir fait travailler sur le sujet... deux cabinets de lobbying. Alors que leurs pressions dans ces lieux où se votent les lois constituaient en soi un scandale, ces initiatives n'ont fait que les banaliser.

C'est pourquoi le travail d'associations telles qu'Adéquations, Anticor, Sciences citoyennes, RES, Fondation Henri Pèzerat, CRIGEN[7], CRIIRAD, CRIREM, Générations futures, Mieux Prescrire, la Fondation Copernic et de nombreuses autres structures citoyennes développant une expertise indépendante, tout particulièrement face aux dangers chimiques et technologiques, est devenu vital pour notre démocratie et notre santé. Leur mise en réseau, tout comme celle des structures regroupées dans le Collectif Europe et Médicaments, permettent aujourd'hui de se mobiliser auprès de Bruxelles, notamment en coordination avec l'Observatoire de l'Europe industrielle (CEO) et Alter EU, pour braquer des projecteurs sur les actions des entreprises qui exercent un lobbying intense auprès de la CE et du Parlement européen, afin d'en informer l'opinion et de constituer des contre-pouvoirs pour faire valoir l'intérêt général.

En 2008, le réseau ETAL, regroupant des associations qui ont compris les enjeux de ce problème, ont lancé l'«Appel citoyen pour un encadrement et une transparence des activités de lobbying en direction des instances de décisions publiques», comportant une série d'objectifs et de propositions à défendre auprès des élus pour que ces derniers les portent et les inscrivent dans une loi[8]. Cet appel, que la presse n'a

---

7. Voir acronymes en annexe.
8. Appel consultable sur le site d'Adéquations: adequations.org/spip. php?rubrique241

pas relayé, reste non seulement essentiel mais d'une actualité sans cesse plus brûlante. Ses signataires continuent de le faire circuler, mais il appartient à tous de le faire connaître et d'y sensibiliser ses élus.

Glossaire des sigles

ADA (American Dental Association)

AFIC (Association française des industries du cadmium)

Afssa (Agence française de sécurité sanitaire des aliments)

Afssaps (Agence nationale de sécurité du médicament et des produits de santé, devenue Agence nationale de sécurité du médicament et des produits de santé)

Afsset (Agence française de sécurité sanitaire de l'environnement et du travail)

AIA (Association internationale de l'amiante)

AIP (Association interprofessionnelle du plomb)

ANIA (Association nationale des industries alimentaires)

Anses (Agence nationale de sécurité sanitaire de l'alimentation, de l'environnement et du travail, regroupant désormais Afsset et Afssa)

ANSM (Agence nationale de sécurité du médicament et des produits de santé, anciennement Agence nationale de sécurité du médicament et des produits de santé)

APL (Association pour la literie)

ARS (Agence régionale de santé)

AT/MP (Accidents du travail et maladies professionnelles)

BAT (British American Tobacco)

BEH (Bulletin épidémiologique hebdomadaire)

BRGM (Bureau des recherches géologiques et minières)

CÉDAL (Centre d'études et de documentation de l'alimentation)

CÉDUS (Centre d'études et de documentation du sucre)

CEFIC (Conseil européen de l'industrie chimique, anciennement Conseil européen des fédérations de l'industrie chimique)

CEO (Corporate Europe Observatory – « Observatoire de l'Europe industrielle »)

Céréales

CES (Communications Économiques et sociales)

CÉSE (Conseil économique, social et environnemental)

CFDT (Confédération française démocratique du travail)

CFTC (Confédération française des travailleurs chrétiens)

CGT (Confédération générale du travail)

CIRC (Centre international de recherche sur le cancer)

CNIÉL (Centre national interprofessionnel de l'économie laitière)

CNPF (Centre national du patronat français)

Cogema (Compagnie générale des matières nucléaires, devenue Areva NC)

Communiqué de presse

COMOBIO (projet de recherche pour communications mobiles et biologie)

CPA (Comité permanent amiante)

CPC (Comité permanent chlore)

CPP (Comité permanent plomb)

CRIGÉN (Centre de recherches et innovations en gaz et énergies nouvelles)

CRIIRAD (Commission de recherche et d'information indépendantes sur la radioactivité)

CRIIRÉM (Centre de recherche et d'information indépendant sur les rayonnements électromagnétiques non ionisants)

CSIF-CÉM (Comité scientifique sur les champs électromagnétiques)

DGS (Direction générale de la santé)

DRIRE (Direction régionale de l'industrie, de la recherche et de l'environnement)

EDFA (Association européenne des industries de plumes et articles de literie)

EFSA (Autorité européenne de sécurité des aliments)

EPA (US Environmental Protection Agency)

ÉRDF (Électricité réseau distribution France)

EuropaBio (European association for bio-industries)

ERT (European Round Table – « Table ronde des industriels européens »)

ESA (European Seed Association)

FDA (US Food and Drug Administration)

FDI (Fédération dentaire internationale)

FIA (Fédération internationale de l'automobile)

FENA (Fédération européenne du négoce de l'ameublement)

FFSA (Fédération française des sociétés d'assurances)

FICT (Fédération française des industriels charcutiers traiteurs)

FIL (Fédération internationale de laiterie)

FNCG (Fédération des industries des corps gras)

FNPSP (Fédération nationale des semences potagères et florales)

FO (Force ouvrière)

GNIS (Groupement national interprofessionnel des semences et plants)

HCSP (Haut conseil de la santé publique)

ICM (Institut du cerveau et de la moelle épinière)

ICNIRP (International Commission on Non-Ionizing Radiation Protection)

IFN (Institut français pour la nutrition)

ILÉC (Institut de liaisons et d'études des industries de consommation)

INERIS (Institut national de l'environnement industriel et des risques)

INRS (Institut national de recherche et de sécurité)

Inserm (Institut national de la santé et de la recherche médicale)

InVS (Institut de veille sanitaire)

ISA/AIÉ (Association internationale des édulcorants)

ITERG (Industrie des corps gras)

LEEM (Les entreprises du médicament – syndicat)

Medef (Mouvement des entreprises de France)

NIH (National Institutes of Health – « Instituts nationaux de la santé »)

NIWL (National Institute for Working Life)

NRDC (Conseil de défense des ressources naturelles)

OMC (Organisation mondiale du commerce)

OMS (Organisation mondiale de la santé)

ONEMA (Office national de l'eau et des milieux aquatiques)

PMI (Protection maternelle et infantile)

REACH (Registration, Evaluation, Authorisation and Restriction of Chemicals, « Enregistrement, évaluation, autorisation et restriction des produits chimiques »)

RES (Réseau environnement santé)

Réseau ETAL (Encadrement et transparence des activités de lobbying)

SCF (Société chimique de France)

TIRPAA (Traité international sur les ressources phytogénétiques pour l'alimentation et l'agriculture)

UIC (Union des industries chimiques)

UIMM (Union des industries et métiers de la métallurgie)

UNICE (Union of industrial and employeurs confederations of Europe)

WBCSD (World Business Council for sustainable Development)

WSRO (World Sugar Research Organisation)

Index

Merci à Cristina Bertelli, Marie Grosman,
Amélie Petit et François Bourin pour toutes
leurs attentions et leurs conseils avisés.

Table

III. Rude journée en perspective

IV. Gagner son pain

V. Le soir

Achevé d'imprimer en France
par Dupli-Print à Domont (95)
en mai 2013
www.dupli-print.fr

Dépôt légal : avril 2013
N° d'impression : 231217

Imprimé en France

ISBN : 978-2-84941-377-7
752 501.8